El Poder del Pensamiento de un-Rico

Estrategias Mentales para la Independencia Financiera

José Roberto Gómez

Introducción

Amigo lector,

Permíteme comenzar esta travesía hacia el éxito financiero con un recordatorio esencial: la verdadera riqueza comienza en la mente. Así como el arquitecto visualiza cada detalle de su obra maestra antes de que la primera piedra sea colocada, tú también puedes diseñar tu propio camino hacia la independencia financiera a través del poderoso arte del pensamiento rico.

En estas páginas, exploraremos cómo tu mentalidad es el cimiento sobre el cual construirás tu fortuna. Al igual que un lienzo en blanco espera las pinceladas de un artista, tu mente está lista para acoger los trazos audaces de tus sueños financieros. Y en cada trazo, en cada pensamiento empoderado, encontrarás la llave para abrir las puertas hacia un futuro lleno de posibilidades.

Este libro no es solo un conjunto de palabras; es una brújula que te guiará a través de las sendas de la transformación. Te invito abrazar estas páginas como un aliado en tu viaje. No soy solo tu autor, soy tu compañero de ruta, un mentor que comparte contigo las estrategias que han forjado mi propio camino.

A medida que avanzamos, descubrirás cómo cada pensamiento, cada elección que haces, puede esculpir el destino de tus finanzas. Juntos, desentrañaremos las ataduras de las creencias limitantes y daremos paso a la mentalidad de abundancia que reside en cada uno de nosotros.

Prepárate para explorar cómo este libro puede transformar no solo tu perspectiva, sino también tus resultados. Prepárate para desafiar lo que creías posible y para desatar el poder del pensamiento rico en cada área de tu vida. La independencia financiera está a tu alcance, y está arraigada en la forma en que eliges pensar. Avancemos juntos, valiente lector, hacia un futuro financiero que está diseñado por ti y para ti. Este es el comienzo de una travesía extraordinaria hacia el autodescubrimiento y la prosperidad. ¡Adelante, hacia el poder del pensamiento

CONTENIDO

Capítulo 1: Fundamentos de la Mentalidad Financiera

En este capítulo, daremos los primeros pasos hacia la construcción de una mentalidad que te llevará hacia la riqueza y la independencia financiera. Preparémonos para explorar el sólido vínculo entre tus pensamientos y tu capacidad para acumular riqueza, así como también para liberarte de las cadenas invisibles de las creencias limitantes que pueden estar frenando tu potencial.

Entendiendo la relación entre pensamiento y riqueza

Imagina por un momento que tu mente es el terreno fértil en el que siembras las semillas de tus deseos financieros. Cada pensamiento es una semilla, y cada acción que tomas es un paso hacia el florecimiento de esa semilla. En este capítulo, desvelaremos cómo tus pensamientos y actitudes hacia el dinero tienen un impacto directo en tu capacidad para manifestar la riqueza que mereces.

Veremos cómo los triunfadores financieros, desde magnates de los negocios hasta inversores astutos, cultivan un campo mental que está listo para cosechar la abundancia. Aprenderemos de sus ejemplos y descubriremos cómo puedes aplicar sus principios para cambiar la forma en que te relacionas con el dinero.

Superando las creencias limitantes sobre el dinero

Las creencias limitantes son como sombras que oscurecen la luz de tus aspiraciones financieras. Esas voces internas que susurran que el éxito financiero es para otros, no para ti. En este tramo del camino, enfrentaremos esas sombras y las desafiarás con la luz de la verdad.

A través de historias inspiradoras y ejemplos concretos, descubriremos cómo figuras exitosas han superado sus propias dudas y miedos en torno al dinero. Verás que no estás solo en esta lucha y que cada obstáculo puede ser superado con la actitud adecuada.

Ejercicio práctico: Identificando y desafiando tus creencias sobre el dinero

Llegó el momento de confrontar tus propias creencias sobre el dinero. En este capítulo, te guiaré a través de un ejercicio introspectivo diseñado para destapar las creencias arraigadas que puedan estar frenando tu potencial financiero.

Te invito a tomar papel y pluma para anotar esas creencias que te han sostenido en el pasado. Luego, juntos, exploraremos formas de desafiar y reformular esas creencias limitantes. Este es el primer paso hacia la liberación de las ataduras que te impiden abrazar plenamente la mentalidad de la riqueza.

Recuerda que el cambio empieza en tu interior. Con cada creencia que desafíes, estarás dando un paso hacia la construcción de una mentalidad fuerte y positiva que te llevará más cerca de tus objetivos financieros.

Este capítulo marca el comienzo de tu transformación. Prepara tu mente para despojarse de las cargas que la han frenado y permítele abrirse a nuevas posibilidades. La riqueza comienza con un pensamiento, y este es el punto de partida para la construcción de una mentalidad financiera próspera y empoderada.

Capítulo 2: Visualización y Metas Financieras

En este capítulo, descubrirás cómo la visualización y el establecimiento de metas son herramientas poderosas que pueden convertir tus sueños financieros en realidades concretas. Prepárate para sumergirte en el mundo de la imaginación creativa y la planificación estratégica mientras aprendes a utilizar estas herramientas para esculpir tu camino hacia la independencia financiera.

El poder de visualizar tus objetivos económicos

La mente humana tiene una capacidad asombrosa para materializar lo que imagina. Imagina, por un momento, despertar cada día con una imagen vívida de tus metas financieras frente a ti. Esa imagen mental es el primer paso hacia la materialización de tus sueños.

En este capítulo, te sumergirás en la práctica de visualización, una herramienta que te permitirá pintar los detalles más vívidos de tu futuro financiero.

Explorarás historias reales de individuos que han utilizado la visualización como un impulso para sus éxitos financieros. Aprenderás cómo utilizar esta técnica para fortalecer tu enfoque y tu determinación, acelerando así tu progreso hacia tus objetivos económicos.

Estableciendo metas claras y alcanzables

Las metas son el mapa que guía tus pasos hacia el éxito. Pero no todas las metas son igualmente efectivas. En este capítulo, descubrirás cómo definir metas claras, específicas y realistas que actúen como faros luminosos en tu camino financiero. Exploraremos la importancia de dividir tus objetivos en hitos alcanzables, lo que te permitirá celebrar cada paso hacia adelante.

Desarrollarás una comprensión profunda de cómo el establecimiento de metas puede brindarte una dirección clara y un propósito renovado. Aprenderás a superar la ambigüedad y la indecisión, alineando tus acciones con tus aspiraciones más profundas.

Ejercicio práctico: Creando un tablero de visualización financiera

La visualización es más poderosa cuando se materializa en imágenes tangibles. Te invito a sumergirte en el emocionante proceso de crear un tablero de visualización financiera, también conocido como "tablero de los sueños". Reúne revistas, imágenes y palabras que representen tus metas financieras y colócalos en un lugar donde puedas verlos con frecuencia.

Este ejercicio práctico no solo te ayudará a definir tus metas de manera más concreta, sino que también te recordará constantemente el futuro brillante que estás creando. Cada vez que mires tu tablero de visualización, te conectarás con la emoción y la energía de tus objetivos, impulsándote a tomar medidas con propósito.

Prepárate para explorar tu capacidad creativa y de planificación en este capítulo. Con cada paso que tomes hacia la visualización y la definición de metas, estarás más cerca de dar vida a tus sueños financieros. Estás en un viaje emocionante de autodescubrimiento y logros, y este capítulo te equipará con las herramientas necesarias para navegar por el camino hacia la independencia financiera.

Capítulo 3: Resiliencia y Adversidad Económica

En este capítulo, exploraremos la importancia de la resiliencia en tu viaje hacia la independencia financiera. Aprenderás cómo enfrentar los desafíos económicos con valentía y cómo transformar los obstáculos en oportunidades de crecimiento. Prepárate para abrazar la adversidad como una aliada en tu búsqueda de éxito financiero.

Desarrollando resiliencia ante los desafíos financieros

La vida financiera no siempre es un camino recto y libre de obstáculos. Enfrentarás desafíos inesperados, altibajos en el mercado y momentos de incertidumbre. Sin embargo, la resiliencia es la cualidad que te permitirá navegar estos mares turbulentos con gracia. En este capítulo, descubrirás cómo fortalecer tu resiliencia para que puedas enfrentar cualquier obstáculo con una mente fuerte y un espíritu inquebrantable.

Exploraremos historias de individuos que han superado adversidades económicas y cómo sus experiencias pueden inspirarte en tu propia jornada. Aprenderás a ver los desafíos como oportunidades para crecer y te equiparás con las herramientas necesarias para mantener la calma en medio de la tormenta.

Aprendiendo de los fracasos y rechazos

El fracaso y el rechazo son dos compañeros inevitables en el viaje hacia el éxito financiero. Sin embargo, la forma en que los enfrentas puede determinar tu trayectoria. En este capítulo, exploraremos cómo los fracasos pueden ser maestros valiosos, proporcionándote lecciones esenciales para evolucionar y mejorar tus decisiones financieras.

A través de ejemplos y consejos prácticos, descubrirás cómo abrazar el fracaso como un paso en el camino hacia el triunfo. Aprenderás cómo ajustar tus enfoques y estrategias a medida que aprendes de tus errores, en lugar de permitir que te definan.

Ejercicio práctico: Escribiendo una carta a tu yo futuro, superando obstáculos imaginarios

Enfrentar obstáculos imaginarios puede ser un bloqueo para el éxito. A menudo, nos preocupamos por situaciones que aún no han ocurrido y nos limitamos a nosotros mismos. Te guiaré a través de un ejercicio de escritura reflexiva donde escribirás una carta a tu yo futuro, compartiendo los desafíos imaginarios que temes enfrentar.

Al externalizar estas preocupaciones y obstáculos, podrás analizarlos con objetividad. Luego, te ayudaré a desafiar esas preocupaciones con realismo y an establecer estrategias para enfrentarlos si alguna vez se presentan. Este ejercicio te empoderará para liberarte de las limitaciones autoimpuestas y enfrentar el futuro con confianza renovada.

La resiliencia es una habilidad que se forja en la fragua de la adversidad. A medida que avanzas a través de este capítulo, estarás mejor preparado para abrazar los desafíos y superar los obstáculos con una mentalidad resiliente. Estás en el camino hacia la independencia financiera, y la resiliencia es una brújula vital para navegar con éxito hacia tus objetivos.

Capítulo 4: Pensamiento Positivo y Abundancia

En este capítulo, nos sumergiremos en la poderosa influencia del pensamiento positivo y la mentalidad de abundancia en tus finanzas. Descubrirás cómo cambiar la perspectiva de escasez a una visión de abundancia puede transformar radicalmente tus resultados financieros. Prepárate para desatar el poder de la positividad y la gratitud en cada área de tu vida económica.

Practicando el pensamiento positivo en tus finanzas

Tu mente es un jardín en el que puedes plantar semillas de positividad que darán frutos de éxito financiero. En este capítulo, explorarás cómo cultivar una mentalidad que ve oportunidades en lugar de obstáculos, que se enfoca en soluciones en lugar de problemas. Aprenderás cómo tus pensamientos pueden influir directamente en tus decisiones y acciones financieras.

A través de ejemplos y anécdotas, descubrirás cómo el pensamiento positivo ha llevado an individuos a superar obstáculos y alcanzar metas que parecían inalcanzables. Aprenderás a reemplazar los patrones de pensamiento negativos por afirmaciones y enfoques que te inspiren an avanzar.

Cultivando una mentalidad de abundancia en lugar de escasez

La mentalidad de escasez es como una lupa que se centra en lo que falta en lugar de lo que está presente. En este capítulo, exploraremos cómo cambiar tu enfoque de escasez abundancia puede abrir un mundo de posibilidades financieras. Descubrirás cómo ver oportunidades en cada desafío y cómo nutrir la confianza en tu capacidad para generar riqueza.

Aprenderás de personas que han adoptado la mentalidad de abundancia y han cosechado resultados excepcionales en sus finanzas. Verás cómo esta mentalidad no solo afecta tus finanzas, sino también tu calidad de vida en general.

Ejercicio práctico: Manteniendo un diario de gratitud financiera

La gratitud es un catalizador poderoso para cultivar el pensamiento positivo y la mentalidad de abundancia. Te guiaré a través de un ejercicio de diario en el que registrarás diariamente tres cosas financieras por las que estás agradecido. A medida que practiques la gratitud, comenzarás a ver la riqueza que ya te rodea y atraerás más de ella hacia tu vida.

Este ejercicio te recordará constantemente las bendiciones que tienes y te ayudará a cambiar el enfoque de lo que falta a lo que tienes.

Alimentarás tu mente con pensamientos de gratitud y, como resultado, te sentirás más empoderado y preparado para aprovechar las oportunidades financieras.

Estás en el umbral de una transformación interna que puede cambiar la forma en que experimentas tus finanzas. A medida que avanzas a través de este capítulo, estarás equipado con las herramientas para cultivar una mentalidad positiva y una perspectiva de abundancia que te llevará a mayores alturas financieras.

Capítulo 5: Manejo Inteligente del Dinero

En este capítulo, te sumergirás en el arte del manejo inteligente del dinero. Descubrirás cómo la educación financiera y la planificación cuidadosa son pilares fundamentales para construir una base económica sólida. Prepárate para adquirir las habilidades necesarias para tomar decisiones informadas y crear un camino financiero que refleje tus metas y valores.

Importancia de la educación financiera

El conocimiento es el cimiento sobre el cual se erige la confianza y la toma de decisiones sólidas. En este capítulo, exploraremos cómo la educación financiera te empoderará para comprender conceptos clave, desde inversiones hasta impuestos, y te permitirá tomar decisiones informadas que impactarán directamente tu futuro financiero.

Con ejemplos y anécdotas, descubrirás cómo el dominio de la educación financiera ha marcado la diferencia en la vida de personas exitosas. Aprenderás a navegar por el mundo financiero con seguridad y evaluar las oportunidades y los riesgos con una perspectiva informada.

Creando un presupuesto efectivo y realista

Un presupuesto es una hoja de ruta financiera que te guía en tus gastos y ahorros. En este capítulo, te sumergirás en el proceso de crear un presupuesto que refleje tus objetivos y te permita vivir dentro de tus posibilidades. Descubrirás cómo asignar fondos de manera estratégica y cómo identificar áreas donde puedes ahorrar y optimizar tus recursos.

Exploraremos ejemplos de presupuestos exitosos y cómo puedes adaptarlos a tu propia situación financiera. Verás cómo un

presupuesto bien diseñado puede ser tu mejor aliado en la
búsqueda de la independencia financiera.

Ejercicio práctico: Elaborando tu propio plan financiero

El conocimiento adquiere su mayor valor cuando se aplica
a tu situación personal. Te guiaré a través de un ejercicio práctico
para crear tu propio plan financiero. En este ejercicio, recopilarás
información sobre tus ingresos, gastos y metas financieras para
diseñar un plan que te acerque a tus objetivos.

Al elaborar tu plan financiero, estarás tomando el control
activo de tu futuro económico. Este ejercicio te ayudará a
identificar áreas en las que puedes optimizar tus gastos, así como
también a establecer hitos que te permitirán medir tu progreso a
lo largo del tiempo.

Estás en el camino hacia una mayor autoridad en tus
finanzas. A medida que avances a través de este capítulo, estarás
mejor preparado para tomar decisiones informadas, controlar tus
gastos y crear un plan financiero que te lleve hacia la
independencia y el éxito económico.

**Capítulo 6: Networking y Relaciones en el Mundo
Financiero**

En este capítulo, explorarás la importancia de las
relaciones y el networking en el mundo financiero. Descubrirás
cómo construir conexiones valiosas que pueden abrir puertas a
oportunidades económicas y enriquecer tu camino hacia la
independencia financiera. Prepárate para aprender cómo cultivar
relaciones estratégicas y utilizar el poder del networking en tu
beneficio.

Construyendo relaciones valiosas en el ámbito financiero

Las relaciones sólidas son activos invaluables en el mundo financiero. En este capítulo, explorarás cómo establecer conexiones significativas con personas que comparten tus intereses y objetivos financieros. Aprenderás cómo construir relaciones basadas en la confianza, la colaboración y el intercambio mutuo de conocimientos.

A través de historias y ejemplos, descubrirás cómo las relaciones exitosas pueden impactar positivamente tus finanzas. Verás cómo las personas exitosas han utilizado sus redes para obtener oportunidades únicas y cómo puedes aplicar esos principios para fortalecer tus propias relaciones financieras.

Cómo el networking puede impulsar tus oportunidades económicas

El networking es una herramienta poderosa que puede desbloquear puertas que de otro modo permanecerían cerradas. En este capítulo, explorarás cómo el networking puede ampliar tus horizontes y presentarte oportunidades económicas que quizás no habrías encontrado por ti mismo. Aprenderás aprovechar los eventos, las plataformas en línea ylasinteracciones cotidianas para construir y fortalecer tu red de contactos.

Descubrirás cómo las personas exitosas utilizan el networking para descubrir nuevas vías de inversión, oportunidades laborales y colaboraciones estratégicas. Aprenderás a ser un comunicador eficaz y a mostrar autenticidad en tus interacciones para construir relaciones genuinas y duraderas.

Ejercicio práctico: Identificando posibles contactos y estableciendo conexiones

El networking es una habilidad que se desarrolla con la práctica. Te guiaré a través de un ejercicio práctico para identificar posibles contactos en tu industria o área financiera de interés. Aprenderás investigar, acercarte a personas clave y establecer conexiones significativas.

Este ejercicio te ayudará a superar la timidez y a desarrollar la confianza para conectarte con otros en tu campo. A medida que comiences a construir relaciones, estarás fortaleciendo tu red de contactos y ampliando tus oportunidades económicas.

El poder de la red es una fuerza que puede impulsar tus logros financieros. A medida que avanzas a través de este capítulo, estarás mejor preparado para establecer relaciones valiosas y utilizar el networking como una herramienta estratégica en tu camino hacia la independencia financiera.

Capítulo 7: Innovación y Creatividad en los Negocios

En este capítulo, te sumergirás en el emocionante mundo de la innovación y la creatividad en los negocios. Descubrirás cómo fomentar tu creatividad para identificar oportunidades financieras únicas y cómo la innovación puede ser un motor clave para el éxito empresarial y económico. Prepárate para desatar tu potencial creativo y explorar formas innovadoras de avanzar hacia la independencia financiera.

Fomentando la creatividad para identificar oportunidades financieras

La creatividad es el motor de la invención y la evolución. En este capítulo, explorarás cómo cultivar un enfoque creativo que te permita ver oportunidades en donde otros ven obstáculos. Aprenderás cómo pensar fuera de la caja y cuestionar las normas establecidas para descubrir soluciones innovadoras a los desafíos financieros.

A través de ejemplos y ejercicios, descubrirás cómo la creatividad puede desempeñar un papel vital en la generación de ingresos y en la identificación de oportunidades de inversión. Verás cómo individuos han utilizado la creatividad para transformar sus finanzas y cómo puedes aplicar estos principios a tu propio camino.

Cómo la innovación impulsa el éxito empresarial

La innovación es el motor que impulsa el progreso en los negocios y en la economía en general. En este capítulo, explorarás cómo la capacidad de innovar puede ser un factor clave para el éxito empresarial y cómo la creatividad puede llevar a la creación de productos y servicios que llenen necesidades en el mercado.

Exploraremos ejemplos de empresas que han revolucionado industrias a través de la innovación y cómo puedes aplicar sus enfoques a tu propia visión financiera. Aprenderás cómo estar atento a las tendencias y cómo adaptarte a un mundo en constante cambinado.

Ejercicio práctico: Generando ideas de negocios innovadoras

La creatividad se nutre de la práctica constante. Te guiaré a través de un ejercicio práctico para generar ideas de negocios innovadoras. Aprenderás explorar diferentes nichos y oportunidades, desafiando tus propias limitaciones y expandiendo tu mentalidad hacia nuevas posibilidades.

Este ejercicio te empoderará para pensar en grande y explorar formas creativas de generar ingresos y oportunidades financieras. Estarás abriendo una puerta hacia el mundo de la innovación y la creatividad, lo que te permitirá descubrir soluciones frescas y emocionantes en tu búsqueda de la independencia financiera.

La creatividad y la innovación son fuerzas transformadoras que pueden revolucionar tus finanzas. A medida que avances a través de este capítulo, estarás mejor preparado para explorar nuevas ideas y perspectivas, y para utilizar la creatividad como una herramienta clave en tu camino hacia el éxito económico.

Capítulo 8: Perspectiva a Largo Plazo y Inversiones

En este capítulo, exploraremos la importancia de adoptar una perspectiva a largo plazo y cómo las inversiones inteligentes pueden ser un motor esencial para tu independencia financiera. Prepárate para aprender cómo invertir de manera estratégica y diversificada para asegurar un futuro financiero sólido y próspero.

Entendiendo la importancia de invertir para el futuro

El tiempo es un recurso valioso en el mundo de las finanzas. En este capítulo, descubrirás cómo la inversión a largo plazo puede ser una herramienta poderosa para construir riqueza con el tiempo. Aprenderás a planificar para el futuro y a tomar medidas hoy que repercutirán en tu bienestar financiero en los años venideros.

Exploraremos ejemplos de cómo las inversiones pueden crecer con el tiempo y cómo el interés compuesto puede ser tu aliado más valioso. Aprenderás evitar la trampa de las gratificaciones instantáneas en favor de un enfoque a largo plazo que te permitirá cosechar recompensas duraderas.

Estrategias para invertir de manera inteligente y diversificada

La diversificación es clave en el mundo de las inversiones. En este capítulo, explorarás cómo construir una cartera de inversiones diversificada que equilibre el riesgo y la recompensa. Aprenderás sobre diferentes clases de activos, desde acciones hasta bonos, y cómo pueden trabajar juntas' para proteger tu inversión y maximizar el crecimiento.

Descubrirás estrategias para evaluar oportunidades de inversión y cómo desarrollar un enfoque que se alinee con tus objetivos y tolerancia al riesgo. Aprenderás a tomar decisiones informadas y evitar caer en trampas comunes en el camino.

Ejercicio práctico: Diseñando tu plan de inversión personalizado

La inversión es personal y debe adaptarse a tus metas y circunstancias únicas. Te guiaré a través de un ejercicio práctico para diseñar tu propio plan de inversión personalizado. Aprenderás a definir tus objetivos, evaluar tu tolerancia al riesgo y seleccionar inversiones que se ajusten a tu estrategia.

Este ejercicio te empoderará para tomar el control activo de tu futuro financiero y te proporcionará una hoja de ruta clara para tus inversiones. Estarás estableciendo las bases para construir un patrimonio a lo largo del tiempo.

La inversión es un camino hacia la acumulación de riqueza a largo plazo. A medida que avanzas a través de este capítulo, estarás mejor preparado para entender y aplicar estrategias de inversión inteligentes que te llevarán hacia tus metas financieras a largo plazo.

Capítulo 9: Éxito Personal y Profesional Equilibrado

En este capítulo, exploraremos la importancia de encontrar un equilibrio entre tu vida personal y profesional en tu búsqueda de éxito financiero. Descubrirás cómo la felicidad y el bienestar influyen directamente en tus logros económicos y cómo puedes crear un plan para mantener un equilibrio saludable en todas las áreas de tu vida.

Encontrando el equilibrio entre la vida personal y profesional

El éxito financiero es más que acumular riqueza; también implica encontrar satisfacción y alegría en todas las áreas de tu vida. En este capítulo, explorarás cómo equilibrar tus responsabilidades profesionales y personales para evitar el agotamiento y mantener una perspectiva positiva.

Aprenderás de ejemplos de individuos que han logrado un equilibrio exitoso entre trabajo y vida. Descubrirás cómo administrar tu tiempo de manera efectiva, establecer límites saludables y crear un ambiente que promueva la armonía entre tus roles profesionales y personales.

Cómo la felicidad influye en tu éxito financiero

La felicidad y el bienestar son factores que influyen en todas las áreas de tu vida, incluida tu situación financiera. En este capítulo, explorarás cómo la felicidad puede impulsar tu motivación, creatividad y rendimiento, lo que a su vez puede tener un impacto positivo en tus ingresos y oportunidades económicas.

Aprenderás cómo cultivar una mentalidad positiva y practicar el autocuidado para mantener un estado de ánimo positivo. Exploraremos cómo la felicidad se relaciona con la toma de decisiones informadas y cómo puede influir en tus interacciones y relaciones, tanto en el ámbito personal como profesional.

Ejercicio práctico: Creando un plan de equilibrio entre trabajo y vida

El equilibrio entre trabajo y vida es una tarea que requiere planificación y compromiso. Te guiaré a través de un ejercicio práctico para crear tu propio plan de equilibrio entre trabajo y vida. Aprenderás a definir tus prioridades, establecer límites y diseñar estrategias para garantizar que todas las áreas de tu vida reciban la atención que merecen.

Este ejercicio te ayudará a vivir de manera más intencionada y a reducir el estrés asociado con la gestión de múltiples responsabilidades. Al lograr un equilibrio saludable, estarás estableciendo las bases para un éxito sostenible y duradero en todas las áreas de tu vida.

El éxito financiero es solo uno de los aspectos de una vida plena y satisfactoria. A medida que avanzas a través de este capítulo, estarás mejor preparado para cultivar la felicidad y el equilibrio en todas las áreas de tu vida, lo que a su vez influirá en tu éxito económico y en tu bienestar general.

Capítulo 10: Acción y Persistencia hacia la Independencia Financiera

En este capítulo, te sumergirás en la importancia de la acción y la persistencia en tu viaje hacia la independencia financiera. Descubrirás cómo pasar de la teoría a la acción constante y cómo mantener la determinación necesaria para superar obstáculos en el camino. Prepárate para consolidar todo lo aprendido y convertirlo en resultados tangibles.

Pasar de la teoría a la acción: Implementación constante

La teoría es el punto de partida, pero la acción es lo que marca la diferencia en tu éxito financiero. En este capítulo, explorarás cómo implementar de manera constante los conocimientos y las estrategias que has adquirido a lo largo de tu viaje. Aprenderás a superar la procrastinación y la inercia, y a convertir tus objetivos en pasos accionables.

A través de ejemplos y consejos prácticos, descubrirás cómo desarrollar hábitos que te impulsen hacia adelante. Aprenderás evitar el estancamiento y a mantener el impulso necesario para avanzar constantemente hacia tus metas financieras.

Manteniendo la persistencia en el camino hacia la independencia financiera

La persistencia es la clave para superar los desafíos y mantener el foco a lo largo del tiempo. En este capítulo, explorarás cómo la determinación y la resistencia te permitirán superar obstáculos y mantener el rumbo en tu búsqueda de independencia financiera. Aprenderás enfrentar los contratiempos con resiliencia y aprovechar los fracasos como oportunidades para crecer.

Descubrirás cómo personas exitosas han superado adversidades y desafíos gracias a su persistencia. Aprenderás a mantener la confianza y el optimismo incluso cuando las cosas se tornen difíciles, y cómo ajustar tus estrategias según sea necesario para seguir avanzando.

Ejercicio práctico: Estableciendo un plan de acción y seguimiento personal

La planificación es esencial, pero la ejecución es la que produces resultados tangibles. Te guiaré a través de un ejercicio práctico para establecer un plan de acción personalizado que te llevará hacia la independencia financiera. Aprenderás a dividir tus objetivos en pasos concretos y establecer plazos realistas.

Este ejercicio te proporcionará una hoja de ruta detallada para seguir, lo que te ayudará a mantenerte enfocado y a medir tu progreso en el camino. Estarás tomando medidas concretas hacia tu éxito financiero y sosteniendo la responsabilidad de tus propias decisiones y acciones.

La independencia financiera es un resultado de la determinación, la acción y la persistencia. A medida que avances a través de este capítulo final, estarás preparado para asumir el controltotal de tu destino económico y convertir tus sueños en realidad a través de una acción constante y una persistencia inquebrantable. ¡Estás listo para abrazar el poder del pensamiento rico y dar forma a tu futuro financiero!

Capítulo 11: Automatización y Eficiencia Financiera

En este capítulo, exploraremos cómo la automatización y la eficiencia pueden ser herramientas poderosas para optimizar tus finanzas y liberar tiempo para concentrarte en lo que realmente importa. Descubrirás cómo usar la tecnología y las estrategias eficientes para gestionar tus recursos económicos de manera inteligente y sin complicaciones.

Cómo utilizar la automatización para simplificar tus finanzas

La tecnología ha abierto puertas a la automatización de muchas tareas financieras. En este capítulo, explorarás cómo puedes utilizar la automatización para simplificar tus finanzas diarias. Aprenderás a configurar pagos automáticos, establecer metas de ahorro automáticas y a aprovechar aplicaciones financieras que te permitan realizar un seguimiento sin esfuerzo de tus gastos e ingresos.

A través de ejemplos y ejercicios, descubrirás cómo la automatización puede liberarte de tareas tediosas y permitirte enfocarte en actividades que generen valor. Aprenderás establecer sistemas que te ayuden a mantener un control constante sobre tus finanzas sin tener que estar constantemente preocupado por los detalles.

Estrategias para maximizar tu eficiencia económica

La eficiencia es clave en la gestión de recursos financieros. En este capítulo, explorarás cómo maximizar tu eficiencia económica al optimizar tus gastos y tomar decisiones financieras informadas. Aprenderás   identificar áreas donde puedes reducir gastos innecesarios y a utilizar estrategias que te permitan obtener más valor por cada dólar gastado.

Descubrirás cómo la eficiencia puede ser aplicada en la planificación de inversiones, en la administración de deudas y en la toma de decisiones de compra. Aprenderás a ser un consumidor más consciente y alinear tus gastos con tus valores y metas financieras.

Ejercicio práctico: Diseñando un sistema de automatización financiera

La automatización financiera puede ser tu aliado en el camino hacia la independencia económica. Te guiaré a través de un ejercicio práctico para diseñar un sistema de automatización que se adapte a tus necesidades. Aprenderás a identificar áreas donde la automatización puede ser más beneficiosa y a seleccionar las herramientas y aplicaciones adecuadas para tus objetivos.

Este ejercicio te permitirá liberar tiempo y energía, al tiempo que mantienes un control constante sobre tus finanzas. Estarás creando un sistema que te brinde tranquilidad y confianza en tus decisiones económicas.

La automatización y la eficiencia son herramientas que te permitirán optimizar tu enfoque financiero. A medida que avances a través de este capítulo, estarás mejor preparado para utilizar la tecnología y las estrategias eficientes para simplificar tus finanzas y liberar tiempo para lo que realmente importa en tu búsqueda de la independencia económica.

Capítulo 12: Gestión de Deudas Inteligente

En este capítulo, exploraremos la importancia de abordar tus deudas de manera estratégica y cómo una gestión inteligente puede allanar el camino hacia la independencia financiera. Descubrirás enfoques prácticos para manejar y reducir tus deudas de manera efectiva, y cómo esta acción puede influir directamente en tu futuro económico.

Enfoques para manejar y reducir las deudas de manera efectiva

Las deudas pueden ser una carga significativa en tu camino hacia la independencia financiera. En este capítulo, explorarás enfoques prácticos para manejar tus deudas de manera efectiva y reducirlas de manera estratégica. Aprenderás cómo priorizar tus deudas, negociar tasas de interés más bajas y desarrollar un plan de pago que te permita eliminar tus deudas de manera constante.

A través de ejemplos y consejos, descubrirás cómo individuos han superado la deuda y han recuperado el control de sus finanzas. Aprenderás evitar trampas comunes y a tomar medidas que te llevarán a la liberación financiera.

El impacto de una buena gestión de deudas en tu futuro financiero

La gestión de deudas inteligente no solo tiene un impacto inmediato, sino que también sienta las bases para un futuro económico más sólido. En este capítulo, explorarás cómo la reducción de deudas puede liberar recursos financieros que pueden ser redirigidos hacia inversiones y ahorros. Aprenderás cómo una gestión inteligente de deudas puede mejorar tu puntaje crediticio y abrir puertas   oportunidades futuras.

Descubrirás cómo las decisiones financieras informadas pueden mejorar tu salud financiera en el largo plazo y cómo evitar deudas excesivas puede protegerte de situaciones económicas difíciles. Aprenderás a construir una base financiera más sólida que te permita avanzar hacia tus metas con confianza.

Ejercicio práctico: Creando un plan para liquidar deudas

La acción es fundamental en la gestión de deudas. Te guiaré a través de un ejercicio práctico para crear tu propio plan para liquidar tus deudas. Aprenderás a listar tus deudas, establecer metas claras y diseñar un plan de pago que se adapte a tu situación financiera.

Este ejercicio te brindará una hoja de ruta para eliminar tus deudas de manera efectiva y te empoderará para tomar control sobre tu situación económica. Estarás tomando medidas concretas hacia una mayor libertad financiera.

La gestión de deudas es un paso fundamental en tu camino hacia la independencia económica. A medida que avances a través de este capítulo, estarás mejor preparado para abordar tus deudas de manera inteligente y estratégica, y para construir una base financiera más sólida que te permita avanzar hacia tus objetivos con confianza y determinación.

Capítulo 13: Desarrollo Profesional y Monetización de Habilidades

En este capítulo, exploraremos cómo el desarrollo profesional y la monetización de tus habilidades pueden ser vehículos poderosos para aumentar tus ingresos y acelerar tu camino hacia la independencia financiera. Descubrirás cómo potenciar tus capacidades para generar ingresos adicionales y cómo estrategias inteligentes pueden impulsar tu crecimiento profesional y económico.

Potenciando tus habilidades para obtener ingresos adicionales

Tus habilidades son activos valiosos que pueden ser monetizados de formas creativas. En este capítulo, explorarás cómo puedes potenciar tus habilidades existentes para generar ingresos adicionales. Aprenderás identificar tus fortalezas y a explorar cómo puedes aplicarlas en contextos que te permitan ganar dinero.

A través de ejemplos y ejercicios, descubrirás cómo individuos han capitalizado sus habilidades en negocios secundarios y emprendimientos independientes. Aprenderás a evaluar oportunidades de ingresos a partir de tus habilidades y a descubrir vías que se alineen con tus intereses y objetivos financieros.

Estrategias para el crecimiento profesional y la monetización de talentos

El crecimiento profesional es un camino hacia mayores oportunidades y recompensas económicas. En este capítulo, explorarás cómo estrategias inteligentes pueden impulsar tu crecimiento en el ámbito laboral y cómo puedes capitalizar tus talentos para maximizar tus ingresos. Aprenderás a buscar oportunidades de aprendizaje y desarrollo que te permitan expandir tus horizontes profesionales.

Descubrirás cómo personas exitosas han logrado transformar sus habilidades en negocios rentables o en posiciones mejor remuneradas. Aprenderás identificar nichos en el mercado que requieran tus capacidades y adaptarte a las necesidades cambiantes del mundo laboral.

Ejercicio práctico: Identificando habilidades monetizables y posibles vías de ingresos

Monetizar tus habilidades comienza con la identificación de oportunidades. Te guiaré a través de un ejercicio práctico para identificar habilidades monetizables y explorar posibles vías de ingresos. Aprenderás a evaluar tus habilidades desde una perspectiva económica y a generar ideas sobre cómo podrías ofrecer valor a los demás.

Este ejercicio te brindará claridad sobre las posibilidades de generación de ingresos basadas en tus habilidades y te empoderará para considerar nuevas formas de aumentar tus ganancias.

El desarrollo profesional y la monetización de habilidades son vías efectivas para impulsar tus ingresos. A medida que avanzas a través de este capítulo, estarás mejor preparado para potenciar tus capacidades y talentos, y para convertirlos en oportunidades económicas que te acerquen aún más a tu objetivo de independencia financiera.

Capítulo 14: Mindfulness y Toma de Decisiones Financieras

En este capítulo, exploraremos cómo la práctica de la atención plena puede influir en tu toma de decisiones financieras y cómo puedes evitar las trampas de las decisiones impulsivas y emocionales. Descubrirás cómo la atención plena puede ser una herramienta valiosa para tomar decisiones financieras informadas y equilibradas.

Cómo la atención plena influye en la toma de decisiones financieras

La atención plena, o mindfulness, es una práctica que te ayuda estar presente en el momento y a tomar decisiones conscientes. En este capítulo, explorarás cómo aplicar la atención plena a tus decisiones financieras. Aprenderás a ser consciente de tus pensamientos, emociones y reacciones al tomar decisiones relacionadas con el dinero.

A través de ejemplos y consejos, descubrirás cómo la atención plena puede ayudarte evaluar opciones financieras de manera objetiva y a considerar las implicaciones a largo plazo. Aprenderás evitar decisiones basadas en el miedo, la impulsividad o las emociones momentáneas.

Evitando decisiones impulsivas y emocionales

Las decisiones impulsivas y emocionales pueden tener un impacto negativo en tus finanzas. En este capítulo, explorarás cómo puedes evitar caer en trampas de toma de decisiones impulsivas y emocionales. Aprenderás a reconocer las señales de alerta y a desarrollar estrategias para tomar decisiones más informadas y racionales.

Descubrirás cómo la práctica de la atención plena puede ayudarte a desvincularte de las reacciones emocionales y a tomar decisiones con claridad. Aprenderás a sopesar las opciones de manera equilibrada y a considerar cómo cada decisión puede influir en tus metas financieras a largo plazo.

Ejercicio práctico: Practicando la atención plena en situaciones financieras

La atención plena es una habilidad que se desarrolla con la práctica. Te guiaré a través de un ejercicio práctico para practicar la atención plena en situaciones financieras. Aprenderás aplicar la atención plena al revisar tu presupuesto, tomar decisiones de inversión o enfrentar decisiones importantes relacionadas con el dinero.

Este ejercicio te empoderará para ser un tomador de decisiones más consciente y reflexivo en tus asuntos financieros. Estarás cultivando una mentalidad que te permitirá tomar decisiones alineadas con tus objetivos y valores.

La atención plena puede ser un aliado valioso en la toma de decisiones financieras. A medida que avances a través de este capítulo, estarás mejor preparado para aplicar la atención plena a tus decisiones financieras, evitando trampas emocionales y tomando medidas informadas que te acerquen a tus metas económicas.

Capítulo 15: Adaptación a los Cambios Económicos

En este capítulo, exploraremos cómo enfrentar y adaptarse a los cambios en el panorama económico y cómo puedes desarrollar estrategias para mantener la estabilidad en tiempos de incertidumbre. Descubrirás cómo la adaptación proactiva puede ser una habilidad vital en tu búsqueda de independencia financiera.

Cómo enfrentar y adaptarse a los cambios en el panorama económico

El mundo económico es dinámico y está en constante cambio. En este capítulo, explorarás cómo puedes enfrentar y adaptarte a los cambios económicos que puedan afectar tus finanzas. Aprenderás a ser flexible y   ajustar tus estrategias según sea necesario para responder a cambios en la economía, el mercado laboral o las tasas de interés.

A través de ejemplos y ejercicios, descubrirás cómo personas exitosas han navegado por momentos económicos turbulentos y han emergido más fuertes. Aprenderás a ser proactivo en lugar de reactivo y a utilizar los cambios económicos como oportunidades para crecer y evolucionar.

Estrategias para mantener la estabilidad en tiempos de incertidumbre

La incertidumbre es una constante en la vida económica. En este capítulo, explorarás cómo puedes desarrollar estrategias para mantener la estabilidad en tiempos de incertidumbre. Aprenderás a crear un colchón financiero sólido, a diversificar tus fuentes de ingresos y a tomar medidas que te permitan afrontar desafíos económicos con confianza.

Descubrirás cómo la planificación anticipada y la resiliencia pueden ser tus aliados en la búsqueda de independencia financiera. Aprenderás a mantener una mentalidad de resolución de problemas y adaptarte a los cambios sin comprometer tus metas a largo plazo.

Ejercicio práctico: Creando un plan de contingencia financiera

La preparación es esencial para enfrentar cambios inesperados. Te guiaré a través de un ejercicio práctico para crear un plan de contingencia financiera. Aprenderás identificar posibles escenarios de cambio económico y a desarrollar estrategias para mantener tu estabilidad financiera en caso de que surjan desafíos.

Este ejercicio te brindará tranquilidad al saber que estás preparado para afrontar lo que el futuro pueda traer. Estarás tomando medidas proactivas para asegurarte de que tus objetivos económicos estén protegidos, sin importar las circunstancias externas.

La adaptación a los cambios económicos es una habilidad esencial en la búsqueda de independencia financiera. A medida que avances a través de este capítulo, estarás mejor preparado para enfrentar y responder a los cambios en el panorama económico, manteniendo la estabilidad y avanzando hacia tus metas con determinación y resiliencia.

Capítulo 16: Filantropía y Responsabilidad Social Financiera

En este capítulo, exploraremos cómo la filantropía y la responsabilidad social financiera pueden tener un impacto profundo tanto en tu vida como en la sociedad en general. Descubrirás cómo el acto de dar puede ser una herramienta poderosa para enriquecer tus propias experiencias y cómo la responsabilidad social puede tener un efecto positivo en tus finanzas.

El poder de dar y contribuir a la sociedad

La filantropía implica dar parte de tus recursos a causas y organizaciones benéficas. En este capítulo, explorarás cómo el acto de dar puede enriquecer tu vida y contribuir a la sociedad en general. Aprenderás identificar causas que sean significativas para ti y cómo tu apoyo puede marcar la diferencia en la vida de otros.

A través de ejemplos inspiradores, descubrirás cómo la filantropía puede crear un sentido de propósito y satisfacción profunda. Aprenderás integrar el acto de dar en tu vida financiera y experimentar las recompensas emocionales y sociales que provienen de contribuir al bienestar de otros.

Cómo la responsabilidad social puede impactar positivamente tus finanzas

La responsabilidad social financiera se trata de tomar decisiones que consideren el impacto social y ambiental. En este capítulo, explorarás cómo la responsabilidad social puede influir en tus decisiones financieras y cómo estas elecciones pueden tener un efecto positivo en tu vida y en el mundo que te rodea. Aprenderás a ser un consumidor consciente y invertir en empresas y causas que se alineen con tus valores.

Descubrirás cómo tus elecciones de gasto y consumo pueden respaldar prácticas éticas y sostenibles. Aprenderás a considerar el impacto a largo plazo de tus decisiones financieras y a contribuir al cambio positivo en la sociedad a través de tus acciones.

Ejercicio práctico: Diseñando un plan de acción para contribuir a causas sociales

Contribuir a causas sociales puede ser una parte enriquecedora de tu vida financiera. Te guiaré a través de un ejercicio práctico para diseñar un plan de acción que te permita contribuir a causas que te importen. Aprenderás investigar organizaciones benéficas, establecer metas de contribución y crear un plan para llevar a cabo tus compromisos filantrópicos.

Este ejercicio te empoderará para convertir tu deseo de dar en acciones concretas y significativas. Estarás construyendo un puente entre tu éxito financiero y tu deseo de hacer una diferencia positiva en el mundo.

La filantropía y la responsabilidad social financiera son una forma poderosa de contribuir al mundo mientras avanzas hacia tus objetivos. A medida que avances a través de este capítulo, estarás mejor preparado para dar un propósito más profundo a tu riqueza y para experimentar el impacto gratificante de contribuir a causas sociales que son importantes para ti.

Capítulo 17: Superando Obstáculos Mentales para el Éxito

En este capítulo, exploraremos cómo identificar y superar los obstáculos mentales que pueden surgir en tu camino hacia el éxito financiero. Descubrirás estrategias para enfrentar el miedo al fracaso, la autoduda y otros desafíos mentales que puedan limitar tu progreso. Prepárate para desarrollar la resiliencia mental necesaria para mantener tu enfoque en tus objetivos.

Identificando y venciendo barreras mentales en el camino hacia el éxito

Las barreras mentales, como el miedo y la autoduda, pueden ser obstáculos importantes en tu búsqueda de independencia financiera. En este capítulo, explorarás cómo identificar estas barreras y cómo superarlas para avanzar hacia el éxito. Aprenderás a reconocer los patrones de pensamiento negativos que pueden estar frenando tu progreso y a desarrollar la mentalidad necesaria para superarlos.

A través de ejemplos y ejercicios, descubrirás cómo individuos han superado barreras mentales y han logrado el éxito financiero a pesar de los desafíos. Aprenderás a transformar la autoduda en confianza y   enfrentar el miedo con determinación y valentía.

Estrategias para enfrentar el miedo al fracaso y la autoduda

El miedo al fracaso y la autoduda son dos de los mayores obstáculos mentales que enfrentamos en el camino hacia el éxito. En este capítulo, explorarás estrategias específicas para enfrentar y superar estas emociones limitantes. Aprenderás a cambiar tu enfoque de la posibilidad de fracaso a la oportunidad de aprendizaje y crecimiento.

Descubrirás cómo la autoconfianza y la resiliencia pueden ser desarrolladas a través de prácticas y técnicas específicas. Aprenderás a reemplazar los pensamientos negativos con afirmaciones y enfoques positivos que te empoderen en tu búsqueda de independencia financiera.

Ejercicio práctico: Creando una lista de afirmaciones positivas

Las afirmaciones positivas son herramientas poderosas para reprogramar tu mente y superar obstáculos mentales. Te guiaré a través de un ejercicio práctico para crear tu propia lista de afirmaciones positivas. Aprenderás   identificar áreas en las que necesitas un impulso de confianza y a diseñar afirmaciones que te ayuden a superar desafíos mentales.

Este ejercicio te empoderará para cambiar tus patrones de pensamiento y convertir los pensamientos negativos en positivos. Estarás cultivando una mentalidad que te apoyará en tu viaje hacia el éxito financiero y personal.

Superar obstáculos mentales es esencial para lograr el éxito financiero. A medida que avances a través de este capítulo, estarás mejor preparado para identificar y superar barreras mentales, desarrollando la resiliencia y la confianza necesarias para mantener tu enfoque en tus objetivos y superar cualquier desafío que puedas encontrar.

Capítulo 18: Estrategias de Negociación y Persuasión

En este capítulo, exploraremos cómo desarrollar habilidades efectivas de negociación y persuasión que te permitan influir en situaciones financieras para obtener resultados favorables. Descubrirás cómo ser un comunicador convincente y cómo utilizar estrategias de negociación para avanzar en tu camino hacia la independencia financiera.

Desarrollando habilidades de negociación y persuasión

La habilidad para negociar y persuadir es esencial en el mundo financiero y más allá. En este capítulo, explorarás cómo desarrollar estas habilidades para lograr tus objetivos económicos. Aprenderás a comunicarte de manera efectiva, a leer señales no verbales y a comprender las necesidades y deseos de las personas con las que interactúas.

A través de ejemplos y ejercicios, descubrirás cómo individuos exitosos han utilizado la negociación y la persuasión para lograr acuerdos beneficiosos y avanzar en sus carreras y negocios. Aprenderás a construir relaciones sólidas y influir en las decisiones financieras de manera positiva.

Cómo influir en situaciones financieras para obtener resultados favorables

La habilidad para influir en situaciones financieras puede marcar una gran diferencia en tu capacidad para lograr independencia económica. En este capítulo, explorarás cómo utilizar estrategias de negociación y persuasión para obtener resultados favorables en transacciones financieras, acuerdos comerciales y más. Aprenderás a presentar tus argumentos de manera convincente y a responder a las objeciones de manera efectiva.

Descubrirás cómo la empatía y la comprensión pueden ser fundamentales en el proceso de persuasión. Aprenderás a identificar soluciones ganar-ganar y a establecer relaciones duraderas basadas en la confianza y el respeto mutuo.

Ejercicio práctico: Simulando escenarios de negociación

La práctica es esencial para mejorar tus habilidades de negociación y persuasión. Te guiaré a través de un ejercicio práctico de simulación de escenarios de negociación. Aprenderás enfrentar situaciones de negociación realistas y aplicar las estrategias que has aprendido en este capítulo.

Este ejercicio te permitirá desarrollar confianza en tus habilidades y a perfeccionar tus técnicas de comunicación y persuasión. Estarás mejor preparado para enfrentar situaciones de negociación en la vida real con mayor calma y eficacia.

Las habilidades de negociación y persuasión son valiosas en tu viaje hacia la independencia financiera. A medida que avances a través de este capítulo, estarás mejor equipado para influir en situaciones financieras de manera positiva y para lograr acuerdos beneficiosos que te impulsen hacia tus metas económicas y personales.

Capítulo 19: Transformación Personal y Crecimiento Continuo

En este capítulo, exploraremos la profunda relación entre el crecimiento personal y el éxito financiero, así como las estrategias para mantener un camino de aprendizaje y evolución constante. Descubrirás cómo el autodescubrimiento y el crecimiento continuo pueden ser motores poderosos para alcanzar tus objetivos financieros.

La relación entre el crecimiento personal y el éxito financiero

El crecimiento personal es un componente esencial en el camino hacia el éxito financiero. En este capítulo, explorarás cómo el autodescubrimiento, la automejora y el desarrollo de habilidades personales pueden impactar positivamente tus finanzas. Aprenderás a reconocer que el crecimiento personal es una inversión en ti mismo y en tu futuro.

A través de ejemplos inspiradores, descubrirás cómo individuos exitosos han incorporado el crecimiento personal en su viaje hacia la independencia financiera. Aprenderás a ser consciente de tus áreas de mejora y abrazar el cambio como una oportunidad para evolucionar y avanzar.

Estrategias para mantener un camino de aprendizaje y evolución constante

El aprendizaje continuo es una brújula en tu viaje hacia el éxito. En este capítulo, explorarás estrategias prácticas para mantener un camino de aprendizaje y evolución constante. Aprenderás establecer objetivos de crecimiento personal, a buscar nuevas oportunidades de aprendizaje y estar dispuesto a salir de tu zona de confort.

Descubrirás cómo la adquisición constante de nuevas habilidades y conocimientos puede abrirte puertas oportunidades económicas y personales. Aprenderás a ser curioso y abrazar la mejora continua como una forma de vida.

Ejercicio práctico: Estableciendo un plan de desarrollo personal

El crecimiento personal es un viaje planificado. Te guiaré a través de un ejercicio práctico para establecer tu propio plan de desarrollo personal. Aprenderás identificar áreas de mejora, establecer metas de crecimiento y a diseñar un plan que te permita avanzar de manera constante.

Este ejercicio te brindará una hoja de ruta para tu evolución personal y te empoderará para tomar medidas concretas hacia tu transformación. Estarás construyendo una base sólida para tu éxito financiero y personal a largo plazo.

La transformación personal y el crecimiento continuo son fundamentales en tu búsqueda de independencia financiera. A medida que avances a través de este capítulo, estarás mejor preparado para abrazar el aprendizaje constante, evolucionar como individuo y crear un camino hacia el éxito financiero que esté en sintonía con tu desarrollo personal.

Desarrollos de los ejercicios con ejemplos reales

Ejercicio práctico: Identificando y desafiando tus creencias sobre el dinero

En este ejercicio práctico, te sumergirás en un proceso de reflexión profunda para identificar y desafiar las creencias limitantes que puedas tener sobre el dinero. Este proceso te permitirá explorar tus pensamientos arraigados y cuestionar su validez, allanando el camino para una transformación positiva en tu mentalidad financiera.

Paso 1: Reflexión y Autoevaluación

Encuentra un lugar tranquilo y dedica un tiempo a reflexionar sobre tus creencias en relación con el dinero. Pregúntate a ti mismo: "¿Qué pienso sobre el dinero? ¿Cuáles son mis creencias fundamentales sobre la riqueza, el éxito financiero y la independencia?" Anota tus pensamientos sin censura.

Paso 2: Identificación de Creencias Limitantes

Revisa tus respuestas y busca patrones de pensamiento negativos o limitantes. Estas creencias pueden incluir ideas como "El dinero es la raíz de todos los males", "Nunca podré ganar lo suficiente" o "El éxito financiero es solo para personas afortunadas". Identifica las creencias que pueden estar frenando tu progreso financiero.

Paso 3: Cuestionamiento y Desafío

Una vez que hayas identificado tus creencias limitantes, cuestiónalas de manera objetiva. Pregúntate: "¿Esta creencia es realmente verdadera? ¿Hay evidencia que la respalde? ¿Cómo me ha afectado esta creencia en mi vida financiera hasta ahora?" Explora alternativas más positivas y realistas.

Paso 4: Creación de Nuevas Creencias Positivas

Ahora es el momento de reemplazar las creencias limitantes con nuevas creencias positivas y empoderadoras. Por ejemplo, si descubres que tienes la creencia limitante de "Nunca podré ganar lo suficiente", puedes reemplazarla con "Estoy comprometido a mejorar constantemente mis habilidades y crear nuevas oportunidades de ingresos".

Paso 5: Compromiso con el Cambio

Una vez que hayas identificado y desafiado tus creencias limitantes, comprométete adoptar estas nuevas creencias positivas. Repite estas afirmaciones regularmente y trabaja en internalizarlas en tu pensamiento diario.

Ejemplo Real: Cuestionando la Creencia del Dinero como Fuente de Problemas

Tomemos el ejemplo de Ana, quien ha estado luchando financieramente. Durante el ejercicio, Ana identificó la creencia limitante de que "El dinero es la fuente de todos los problemas". Ana cuestionó esta creencia al analizar si realmente todas sus dificultades provenían exclusivamente del dinero. Se dio cuenta de que había otros factores involucrados en sus desafíos.

Ana decidió reemplazar esta creencia con una perspectiva más positiva: "El dinero es una herramienta que puedo utilizar de manera inteligente para mejorar mi calidad de vida y ayudar otros". Esta nueva creencia le permitió ver el dinero como un recurso que ella podía controlar y utilizar para alcanzar sus objetivos. A medida que Ana se comprometió con su nueva creencia, comenzó a tomar decisiones financieras más informadas y a buscar oportunidades de crecimiento económico. Su cambio de mentalidad la ayudó a transformar su situación financiera y a construir una base más sólida para su independencia financiera.

Este ejercicio de identificar y desafiar creencias limitantes puede ser transformador, permitiéndote superar obstáculos mentales y adoptar una mentalidad más positiva y empoderada en relación con el dinero y el éxito financiero.

Ejercicio práctico: Creando un Tablero de Visualización Financiera

En este ejercicio, te embarcarás en un proceso creativo para diseñar un tablero de visualización financiera, también conocido como "tablero de visión" o "vision board". Este tablero será una representación visual de tus metas financieras y aspiraciones, lo que te ayudará a mantener el enfoque en tus objetivos y a motivarte a trabajar hacia ellos.

Paso 1: Identificación de Metas Financieras

Antes de comenzar a crear tu tablero de visualización, es importante tener claridad sobre tus metas financieras. ¿Deseas comprar una casa, viajar, invertir en educación o pagar tus deudas? Identifica tus objetivos financieros a corto y largo plazo para que puedas representarlos visualmente.

Paso 2: Reunión de Materiales

Reúne materiales como una cartulina grande, revistas, recortes, imágenes impresas, pegamento, marcadores y cualquier otro elemento que te permita crear un collage visual. Asegúrate de tener una variedad de recursos para que puedas personalizar tu tablero según tus metas y aspiraciones.

Paso 3: Selecciona y Arma Tu Tablero

Explora las revistas y recortes para encontrar imágenes y palabras que representen tus metas financieras. Pueden ser imágenes de lugares que deseas visitar, objetos que deseas adquirir o símbolos que representen la independencia financiera. Organiza y pega estos elementos en tu cartulina de manera creativa y significativa.

Paso 4: Visualización de tus Metas

Una vez que hayas creado tu tablero de visualización financiera, colócalo en un lugar donde lo veas con frecuencia. Puede ser en tu lugar de trabajo, tu habitación o cualquier otro espacio que frecuentes. Tómate unos minutos cada día para observar tu tablero y visualizar tus metas como si ya las hubieras alcanzado.

Ejemplo Real: Creación de un Tablero de Visualización Financiera

Imagina que María tiene el objetivo de comprar una casa propia en los próximos cinco años. María comenzó identificando imágenes de casas en revistas, imágenes de lugares que le gustaría visitar cerca de su futura casa, y fotos de familias felices en hogares. También recortó palabras como "independencia", "logro" y "satisfacción".

María pegó estas imágenes y palabras en su tablero de visualización financiera de manera creativa y armoniosa. Colocó su tablero en su dormitorio, donde lo veía cada mañana al despertar y cada noche antes de dormir.

A medida que María se tomaba el tiempo para visualizar sus metas de tener su propia casa, comenzó a sentirse más motivada y enfocada. Este proceso le recordaba constantemente sus objetivos y le ayudaba a mantener la determinación en su búsqueda de independencia financiera.

Con el tiempo, María notó que sus decisiones financieras comenzaron estar alineadas con su visión de tener una casa propia. Ahorró más diligentemente, investigó opciones de préstamos y se mantuvo enfocada en su objetivo a pesar de los desafíos que enfrentó.

La creación y uso constante de su tablero de visualización financiera se convirtió en un recordatorio tangible de sus aspiraciones y un impulso constante para tomar acciones encaminadas hacia sus metas financieras.

Ejercicio práctico: Escribiendo una Carta a tu Yo Futuro, Superando Obstáculos Imaginarios

En este ejercicio, te sumergirás en un ejercicio de autoreflexión y visualización para superar obstáculos imaginarios y fortalecer tu resiliencia mental. Escribirás una carta a tu yo futuro en la que enfrentarás los desafíos que puedan surgir en tu camino hacia la independencia financiera y encontrarás formas de superarlos.

Paso 1: Identificación de Obstáculos Imaginarios

Antes de escribir la carta, reflexiona sobre los obstáculos imaginarios que podrían estar frenando tu progreso financiero. Estos pueden incluir el miedo al fracaso, la autoduda, la inseguridad financiera y cualquier otro temor que sientas. Identificar estos obstáculos te ayudará   abordarlos en tu carta.

Paso 2: Escribe una Carta a tu Yo Futuro

Imagina que estás escribiendo una carta a tu yo futuro, unos años adelante. En la carta, aborda los obstáculos imaginarios que identificaste y proporciona consejos y palabras de aliento para superarlos. Imagina que estás brindándote apoyo y orientación desde una perspectiva más sabia y experimentada.

Paso 3: Desarrollo de Estrategias de Superación

Dentro de la carta, desarrolla estrategias concretas para superar cada obstáculo imaginario. Por ejemplo, si uno de tus obstáculos es el miedo al fracaso, podrías escribir sobre cómo enfrentar el fracaso como una oportunidad de aprendizaje en lugar de un obstáculo. Proporciona consejos prácticos y motivación para abordar cada desafío.

Paso 4: Compromiso con la Acción

Termina la carta comprometiéndote a tomar medidas específicas para superar los obstáculos mencionados. Explora cómo puedes aplicar las estrategias que has desarrollado en tu vida diaria y cómo puedes mantener una mentalidad positiva y resiliente a medida que avanzas hacia tus objetivos financieros.

Ejemplo Real: Escribiendo una Carta a tu Yo Futuro, Superando Obstáculos Imaginarios

Imagine a Juan, quien sueña con emprender su propio negocio, pero siente un gran miedo al fracaso. Durante el ejercicio, Juan escribió una carta a su yo futuro, expresando sus temores y dudas. Identificó el miedo al fracaso como un obstáculo imaginario que podría limitar su progreso.

En la carta, Juan escribió: "Querido Yo Futuro, sé que el miedo al fracaso puede ser abrumador en este momento, pero quiero recordarte que cada intento, incluso si no es un éxito inmediato, te acerca a tus metas. Enfrentarás obstáculos, pero cada desafío será una lección valiosa en tu camino hacia el éxito".

Juan desarrolló estrategias para abordar este obstáculo. Escribió sobre la importancia de ver el fracaso como un trampolín para el crecimiento y cómo buscar oportunidades de aprendizaje en cada experiencia. Se comprometió a tomar medidas audaces y enfrentar sus miedos con determinación.

Con el tiempo, Juan comenzó aplicar las estrategias que escribió en su carta. Se permitió cometer errores y abrazó el aprendizaje que venía con ellos. Su carta a su yo futuro se convirtió en un recurso valioso que consultaba en momentos de duda y temor.

Este ejercicio le permitió a Juan abordar su miedo al fracaso desde una perspectiva más objetiva y positiva, lo que fortaleció su resiliencia mental y lo empoderó para seguir adelante en su búsqueda de independencia financiera a pesar de los obstáculos.

Ejercicio práctico: Manteniendo un Diario de Gratitud Financiera

En este ejercicio, te sumergirás en la práctica diaria de la gratitud financiera. Mantendrás un diario en el que registrarás regularmente las cosas por las que estás agradecido en términos financieros. Esta práctica puede cambiar tu perspectiva sobre el dinero y ayudarte enfocarte en las bendiciones que ya tienes en tu vida financiera.

Paso 1: Establecimiento de un Diario de Gratitud Financiera

Elige un cuaderno o una aplicación en tu dispositivo para mantener tu diario de gratitud financiera. Dedica un momento al final de cada día para registrar tus pensamientos y sentimientos en relación con el dinero y las finanzas.

Paso 2: Identificación de Aspectos Financieros Positivos

Cada día, identifica al menos tres aspectos financieros por los que estás agradecido. Pueden ser cosas pequeñas, como tener un trabajo estable, poder pagar tus facturas o haber ahorrado un poco de dinero. Reconoce incluso los detalles más simple que contribuyen a tu bienestar financiero.

Paso 3: Reflexión y Expresión de Gratitud

Tómate unos minutos para reflexionar sobre cada aspecto financiero positivo que has identificado. Escribe una breve descripción en tu diario, expresando tu gratitud por cada uno de ellos. Describe cómo te hacen sentir y cómo impactan positivamente tu vida.

Paso 4: Mantén la Consistencia

La clave de este ejercicio es la consistencia. Mantén tu diario de gratitud financiera a lo largo del tiempo, registrando tus pensamientos y sentimientos sobre el dinero y las finanzas todos los días. A medida que lo haces, comenzarás a notar un cambio en tu mentalidad y una mayor apreciación por tu situación financiera.

Ejemplo Real: Manteniendo un Diario de Gratitud Financiera

Imagina a Laura, quien solía preocuparse constantemente por el dinero y sentir que nunca tenía suficiente. Laura comenzó a mantener un diario de gratitud financiera como parte de su transformación mental. Al principio, le resultaba difícil identificar aspectos positivos en sus finanzas.

Con el tiempo, Laura comenzó a notar que tenía más para agradecer de lo que pensaba. Empezó a registrar cosas como tener un trabajo que le brindaba estabilidad, la capacidad de ahorrar incluso una pequeña cantidad cada mes y la oportunidad de disfrutar de comidas caseras en lugar de comer fuera.

A medida que Laura continuaba con esta práctica diaria, comenzó a sentirse más positiva y apreciar más lo que ya tenía. Esta práctica le ayudó a cambiar su enfoque del dinero y a darse cuenta de que ya estaba bendecida de muchas maneras financieras.

La práctica constante del diario de gratitud financiera permitió que Laura transformara su relación con el dinero y la abundancia. La apertura a la gratitud y la apreciación diaria la ayudaron a desarrollar una mentalidad más positiva y enfocarse en las bendiciones en lugar de las carencias.

Ejercicio práctico: Elaborando tu Propio Plan Financiero

En este ejercicio, te sumergirás en el proceso de crear tu propio plan financiero personalizado. Diseñarás un plan que abarque tus metas, presupuesto, ahorros, inversiones y estrategias para lograr la independencia financiera.

Paso 1: Definición de Metas Financieras

Identifica tus objetivos financieros a corto, mediano y largo plazo. Esto podría incluir la compra de una casa, la creación de un fondo de emergencia, el ahorro para la jubilación y otros objetivos financieros personales.

Paso 2: Evaluación de Ingresos y Gastos

Revisa tus ingresos y gastos actuales para tener una comprensión clara de tu situación financiera actual.

Paso 3: Establecimiento de un Presupuesto

Diseña un presupuesto detallado que refleje tus ingresos, gastos esenciales y discrecionales. Asegúrate de asignar fondos para el ahorro y la inversión. Tu presupuesto será una guía para administrar tus finanzas de manera efectiva.

Paso 4: Creación de un Plan de Ahorro

Establece un plan de ahorro para cada una de tus metas financieras. Determina cuánto necesitas ahorrar mensualmente para alcanzar cada objetivo y configura cuentas de ahorro separadas si es necesario.

Paso 5: Diseño de Estrategias de Inversión

Investiga diferentes opciones de inversión que se alineen con tus metas y perfil de riesgo. Decide cómo distribuirás tus inversiones entre acciones, bonos, fondos mutuos u otras oportunidades.

Paso 6: Implementación y Monitoreo

Pon en práctica tu plan financiero siguiendo tu presupuesto, ahorrando y realizando inversiones de acuerdo con tu plan. Establece un sistema para monitorear y evaluar regularmente tus progresos y hacer ajustes si es necesario.

Ejemplo Real: Elaborando un—Plan Financiero Personal

Imagina a Carlos, un joven profesional que desea alcanzar la independencia financiera en 15 años. Carlos identificó metas financieras como tener un fondo de emergencia, ahorrar para comprar una vivienda y establecer un fondo de jubilación sólido.

Carlos evaluó sus ingresos y gastos y estableció un presupuesto realista que le permitía ahorrar un porcentaje significativo de sus ingresos. Diseñó un plan de ahorro donde separó fondos para cada una de sus metas financieras y abrió cuentas de ahorro específicas.

Además, Carlos investigó opciones de inversión y decidió diversificar su cartera a través de inversiones en fondos indexados y algunas inversiones en acciones individuales. Estableció un plan para contribuir regularmente a sus inversiones y monitorear su progreso trimestralmente.

A medida que Carlos implementaba su plan, se daba cuenta de que estaba tomando medidas concretas hacia su independencia financiera. A medida que sus ahorros e inversiones crecían, se sentía más seguro y confiado en su capacidad para alcanzar sus objetivos.

El proceso de elaborar y seguir su plan financiero personalizado permitió que Carlos tomara el control de sus finanzas y se acercara a sus metas con una estrategia sólida. A medida que avanzaba, se daba cuenta de que estaba construyendo un camino hacia la independencia financiera de manera consciente y enfocada.

Ejercicio práctico: Identificando Posibles Contactos y Estableciendo Conexiones

En este ejercicio, explorarás la importancia del networking y la construcción de relaciones en el mundo financiero. Identificarás posibles contactos que puedan ayudarte en tu búsqueda de independencia financiera y aprenderás establecer conexiones de manera auténtica y efectiva.

Paso 1: Identificación de Posibles Contactos

Haz una lista de personas en tu red actual que tengan experiencia o conocimientos en el ámbito financiero. Esto podría incluir amigos, familiares, compañeros de trabajo, antiguos colegas, profesores, mentores y otros contactos profesionales.

Paso 2: Investigación y Preparación

Investiga a tus posibles contactos antes de acercarte a ellos. Averigua sus áreas de experiencia y logros financieros. Esto te permitirá tener conversaciones más significativas y demostrar tu interés genuino en su conocimiento.

Paso 3: Establecimiento de Conexiones Auténticas

Contacta a tus posibles contactos de manera respetuosa y auténtica. Puedes hacerlo a través de correos electrónicos, mensajes en redes sociales o incluso una llamada telefónica. Explica tu interés en aprender más sobre el campo financiero y pide la oportunidad de hablar o reunirse para discutir sus experiencias.

Paso 4: Participación en Eventos y Grupos

Investiga eventos, conferencias y grupos relacionados con tus objetivos financieros. Asistir a estas actividades te brinda la oportunidad de conocer a profesionales del campo, compartir tus propias experiencias y aprender de los demás.

Paso 5: Cultivo de Relaciones

Una vez que establezcas conexiones, trabaja en cultivar estas relaciones a lo largo del tiempo. Mantén el contacto de manera regular, comparte tus avances y sigue aprendiendo de su experiencia.

Ejemplo Real: Identificando Posibles Contactos y Estableciendo Conexiones

Imagina a Julia, quien aspira invertir en bienes raíces para lograr su independencia financiera. En el ejercicio, Julia identificó a su tío Miguel como un posible contacto, ya que él tiene experiencia en inversiones inmobiliarias.

Julia investigó la trayectoria de inversión de su tío y descubrió que había logrado un éxito significativo en el mercado inmobiliario. Ella decidió enviarle un correo electrónico expresando su interés en aprender más sobre el campo y pidiendo la oportunidad de hablar con él.

Miguel respondió positivamente y acordaron reunirse para tomar un café. Durante la reunión, Julia hizo preguntas específicas sobre las estrategias que su tío había utilizado y cómo había superado los desafíos. Miguel compartió sus experiencias y brindó consejos valiosos a Julia.

A medida que mantenían el contacto, Julia compartía sus propios avances en su camino hacia la inversión en bienes raíces. Con el tiempo, Miguel se convirtió en un mentor informal para-Julia, brindándole orientación y apoyo en su búsqueda de independencia financiera a través de la inversión inmobiliaria.

El ejercicio de identificar posibles contactos y establecer conexiones permitió que Julia aprovechara la experiencia y el conocimiento de su tío para avanzar hacia sus metas financieras. Estas conexiones auténticas enriquecieron su perspectiva y le brindaron valiosos recursos para su viaje hacia la independencia financiera.

Ejercicio práctico: Generando Ideas de Negocios Innovadoras

En este ejercicio, te sumergirás en un proceso creativo para generar ideas de negocios innovadoras que puedan impulsar tu camino hacia la independencia financiera. Explorarás diferentes enfoques y oportunidades para crear un emprendimiento exitoso.

Paso 1: Identificación de tus Pasiones y Habilidades

Haz una lista de tus pasiones, intereses y habilidades. Considera cómo podrías combinar estas áreas para crear un negocio único y atractivo.

Paso 2: Análisis de Necesidades y Tendencias del Mercado

Investiga las tendencias actuales en tu industria y considera las necesidades insatisfechas del mercado. ¿Hay áreas donde puedas innovar y brindar soluciones nuevas y valiosas?

Paso 3: Sesión de Tormenta de Ideas

Reúnete contigo mismo o con un grupo de personas para una sesión de tormenta de ideas. Genera ideas sin restricciones y sin juzgar. Anota todas las ideas, por más locas que parezcan.

Paso 4: Evaluación y Refinamiento

Revisa la lista de ideas generadas y evalúa su viabilidad. Considera aspectos como la demanda del mercado, la inversión inicial requerida, tu experiencia y el potencial de crecimiento.

Paso 5: Selección y Desarrollo de la Idea

Elige una idea que te emocione y se alinee con tus objetivos financieros. Desarrolla un plan preliminar para convertir esta idea en un negocio, considerando aspectos como el modelo de negocio, el público objetivo y las estrategias de marketing.

Ejemplo Real: Generando Ideas de Negocios Innovadoras

Imagina a Marcos, un entusiasta del fitness que busca independencia financiera. Durante el ejercicio, Marcos identificó sus pasiones por el ejercicio y la tecnología. También se dio cuenta de que había una creciente demanda de soluciones de entrenamiento en línea personalizado.

En una sesión de tormenta de ideas, Marcos generó varias ideas, incluyendo una plataforma de entrenamiento en línea que utiliza inteligencia artificial para crear planes de entrenamiento personalizados basados en los objetivos y las preferencias de cada usuario.

Marcos evaluó estas ideas y decidió desarrollar la plataforma de entrenamiento en línea. Investigó la tecnología necesaria, el costo de desarrollo y cómo podría comercializar el servicio. Desarrolló un plan preliminar que incluía la creación de la plataforma, la contratación de entrenadores certificados y estrategias de marketing digital.

A medida que Marcos trabajaba en su idea, se dio cuenta de que estaba combinando sus pasiones por el fitness y la tecnología para crear un negocio innovador. La plataforma de entrenamiento en línea se convirtió en un éxito, atrayendo a usuarios de todo el mundo que buscaban una forma personalizada y conveniente de mantenerse en forma.

Este ejercicio de generación de ideas de negocios permitió a Marcos explorar sus pasiones y habilidades para crear una oportunidad emprendedora exitosa. Su enfoque en la innovación y la satisfacción de las necesidades del mercado le permitió construir un negocio rentable que lo acercó aún más a su objetivo de independencia financiera.

Ejercicio práctico: Diseñando tu Plan de Inversión Personalizado

En este ejercicio, te sumergirás en el proceso de crear un plan de inversión personalizado que te ayude alcanzar tus objetivos financieros a largo plazo. Diseñarás una estrategia de inversión que se adapte a tu perfil de riesgo, metas y horizonte temporal.

Paso 1: Establecimiento de Metas de Inversión

Define tus metas de inversión a largo plazo. Puede ser la jubilación, la compra de una propiedad, la educación de tus hijos u otros objetivos financieros. Cada meta debe tener un plazo y un monto objetivo.

Paso 2: Evaluación de tu Perfil de Riesgo

Evalúa tu tolerancia al riesgo y tu horizonte de inversión. Considera tu capacidad de soportar fluctuaciones en el mercado y cuánto tiempo tienes antes de necesitar los fondos de inversión.

Paso 3: Diversificación de la Cartera

Investiga diferentes tipos de activos para diversificar tu cartera. Esto podría incluir acciones, bonos, fondos mutuos, bienes raíces y más. La diversificación reduce el riesgo al distribuir tus inversiones en diferentes categorías.

Paso 4: Asignación de Activos

Decide cómo asignarás tus activos en función de tu perfil de riesgo y tus metas. Puedes optar por una asignación más agresiva con una mayor proporción de acciones si tienes un mayor horizonte temporal o una asignación más conservadora si tu horizonte es más corto.

Paso 5: Selección de Inversiones Específicas

Dentro de cada categoría de activos, selecciona inversiones específicas. Investiga fondos y empresas que se alineen con tus objetivos y estrategia de inversión.

Paso 6: Establecimiento de un Plan de Monitoreo

Crea un plan para monitorear y ajustar tu cartera de inversión a lo largo del tiempo. Decide cómo y con qué frecuencia revisarás tus inversiones y cuándo realizar ajustes según las condiciones del mercado y tus objetivos cambiantes.

Ejemplo Real: Diseñando un Plan de Inversión Personalizado

Imagina a Sofía, una joven profesional que desea acumular suficiente riqueza para jubilarse cómodamente a los 55 años. Sofía evaluó su perfil de riesgo y descubrió que tenía una tolerancia moderada al riesgo debido a su horizonte de inversión a largo plazo.

Sofía decidió diversificar su cartera invirtiendo en una combinación de acciones y bonos. Optó por asignar un 70% a acciones y un 30% a bonos, creando un equilibrio entre el crecimiento potencial y la estabilidad.

Investigó fondos indexados y empresas sólidas en los sectores que le interesaban y seleccionó inversiones específicas. Estableció un plan de monitoreo trimestral en el que revisaría sus inversiones y ajustaría su cartera según sea necesario.

A medida que pasaban los años, Sofía seguía su plan de inversión y realizaba ajustes cuando era necesario. Su cartera creció de manera constante y, al llegar a los 55 años, tenía suficientes fondos para retirarse cómodamente y disfrutar de la jubilación que había planeado.

Este ejercicio de diseño de un plan de inversión personalizado permitió a Sofía crear una estrategia sólida y adaptada a sus metas financieras. Su enfoque disciplinado en la inversión y el monitoreo la ayudó a lograr su objetivo de jubilación anticipada con confianza y seguridad financiera.

Ejercicio práctico: Creando un Plan de Equilibrio entre Trabajo y Vida

En este ejercicio, te sumergirás en la creación de un plan que te ayude equilibrar tus responsabilidades laborales y personales. Diseñarás estrategias para gestionar tu tiempo de manera efectiva y mantener una armonía entre tu vida profesional y personal.

Paso 1: Evaluación de tus Prioridades

Haz una lista de tus prioridades tanto en el ámbito laboral como en el personal. Identifica qué aspectos de tu vida son más importantes y cuáles deseas dedicar más tiempo y energía.

Paso 2: Establecimiento de Límites y Horarios

Define límites claros entre tu tiempo de trabajo y tu tiempo personal. Establece horarios específicos para trabajar y desconectar, y comprométete a respetarlos.

Paso 3: Delegación y Gestión de Tareas

Identifica tareas que puedas delegar en el trabajo o en casa. Aprende a confiar en otros y a compartir responsabilidades para aliviar la carga y liberar tiempo.

Paso 4: Incorporación de Tiempo para-Ti Mismo

Asegúrate de incluir tiempo para ti mismo en tu plan. Esto podría incluir actividades que disfrutes, como hacer ejercicio, leer, meditar o pasar tiempo con amigos y familiares.

Paso 5: Planificación de Descansos y Vacaciones

Incorpora descansos regulares y planifica vacaciones para desconectar por completo. Reservar tiempo para recargar energías es esencial para evitar el agotamiento.

Paso 6: Flexibilidad y Ajustes

Revisa y ajusta tu plan periódicamente. La flexibilidad es clave para adaptarte a cambios en tu vida y en tus responsabilidades laborales.

Ejemplo Real: Creando un Plan de Equilibrio entre Trabajo y Vida

Imagina a Marta, una profesional en el campo de la publicidad que solía sentirse abrumada por las largas horas de trabajo y la falta de tiempo para sí misma. Marta se comprometió a crear un plan de equilibrio entre trabajo y vida.

Marta definió sus prioridades y descubrió que quería dedicar más tiempo a su familia y a sus pasatiempos creativos. Estableció un horario de trabajo más estructurado y decidió no llevar trabajo a casa.

Además, Marta delegó algunas de sus tareas en el trabajo y contrató ayuda en el hogar para gestionar las tareas domésticas. Esto le permitió liberar tiempo para centrarse en lo que más le importaba.

Marta también incorporó tiempo para sí misma en su rutina diaria, incluyendo sesiones de yoga y tiempo para pintar, actividades que siempre disfrutaba pero que había descuidado.

A medida que implementaba su plan, Marta comenzó a sentir una mayor sensación de equilibrio y bienestar. Sus niveles de estrés disminuyeron y pudo disfrutar más de su tiempo con su familia y sus pasatiempos.

Este ejercicio de crear un plan de equilibrio entre trabajo y vida permitió a Marta tomar medidas concretas para cuidar su bienestar y mantener una armonía entre sus responsabilidades laborales y personales. Su enfoque en establecer límites, delegar y dedicar tiempo para sí misma la ayudó a transformar su calidad de vida y su satisfacción general.

Ejercicio práctico: Estableciendo un Plan de Acción y Seguimiento Personal

En este ejercicio, te sumergirás en la creación de un plan de acción con pasos concretos para alcanzar tus objetivos financieros. Además, aprenderás a establecer un sistema de seguimiento para asegurarte de que estás avanzando de manera constante hacia tu independencia financiera.

Paso 1: Definición de Objetivos Claros

Identifica tus objetivos financieros específicos y claros. Pueden ser metas a corto, mediano y largo plazo, como ahorrar para una casa, liquidar deudas o construir un fondo de jubilación.

Paso 2: Desglose en Pasos Realizables

Divide cada objetivo en pasos más pequeños y realizables. Estos pasos te ayudarán a tener un enfoque claro y a evitar que te sientas abrumado por la magnitud de tus metas.

Paso 3: Establecimiento de Plazos

Asigna plazos realistas a cada paso. Definir fechas límite te mantendrá enfocado y te dará un sentido de urgencia para lograr cada hito.

Paso 4: Asignación de Recursos y Acciones

Identifica los recursos necesarios para alcanzar cada paso y las acciones concretas que debes realizar. Puede incluir el tiempo que dedicarás, el dinero que invertirás o las habilidades que necesitas desarrollar.

Paso 5: Creación de un-Sistema de Seguimiento

Diseña un sistema para monitorear tus avances. Puede ser un calendario, una hoja de seguimiento o una aplicación. Programa revisiones regulares para evaluar tu progreso.

Paso 6: Ajustes y Celebración de Logros

Durante tus revisiones, ajusta tu plan según sea necesario. Reconoce y celebra tus logros a medida que alcanzas cada paso en tu camino hacia tus objetivos financieros.

Ejemplo Real: Estableciendo un Plan de Acción y Seguimiento Personal

Imagina a Juan, quien decidió que su objetivo financiero es liquidar sus deudas y comenzar invertir para su jubilación. Juan desglosó su objetivo en pasos que incluyen la creación de un presupuesto, la identificación de formas de reducir gastos y la búsqueda de información sobre opciones de inversión.

Juan asignó plazos a cada paso y comenzó a tomar acciones concretas. Creó un presupuesto que le permitió asignar más fondos para liquidar sus deudas y comenzar ahorrar. Investigó sobre inversiones y seleccionó un fondo indexado para comenzar su cartera de inversión.

Para el seguimiento, Juan estableció un calendario mensual para revisar su presupuesto y su progreso en la liquidación de deudas. Utilizó una aplicación de seguimiento financiero para rastrear sus gastos y ahorros.

A medida que avanzaba, Juan ajustaba su presupuesto y realizaba pagos adicionales hacia sus deudas. En cada revisión mensual, celebraba sus logros y se motivaba para continuar.

Este ejercicio de establecer un plan de acción y seguimiento personal permitió a Juan tomar medidas específicas y mantenerse responsable en su búsqueda de libertad financiera. Su enfoque disciplinado y su sistema de seguimiento lo ayudaron a lograr sus objetivos financieros de manera gradual pero constante.

Ejercicio práctico: Diseñando un-Sistema de Automatización Financiera

En este ejercicio, te sumergirás en la creación de un sistema de automatización financiera que te permita gestionar tus finanzas de manera eficiente y con menos esfuerzo. Diseñarás un conjunto de procesos automáticos para ahorrar tiempo y asegurarte de que estás siguiendo tu plan financiero.

Paso 1: Identificación de Tareas Repetitivas

Haz una lista de las tareas financieras que realizas regularmente, como pagar facturas, transferir fondos a tu cuenta de ahorros y invertir en tu cartera. Identifica aquellas que son repetitivas y podrían beneficiarse de la automatización.

Paso 2: Elección de Herramientas y Plataformas

Investiga herramientas y plataformas que te permitan automatizar tus tareas financieras. Pueden ser aplicaciones de banca en línea, servicios de pago automático de facturas o plataformas de inversión automatizada.

Paso 3: Configuración de Procesos Automáticos

Configura procesos automáticos utilizando las herramientas seleccionadas. Establece transferencias automáticas a tus cuentas de ahorros e inversión, y programa pagos automáticos para tus facturas regulares.

Paso 4: Programación de Recordatorios y Revisiones
Aunque automatices tareas, sigue siendo importante mantenerte al tanto de tus finanzas. Programa recordatorios regulares para revisar tus transacciones y asegurarte de que todo esté en orden.

Paso 5: Evaluación y Ajustes

Revisa periódicamente tus procesos automatizados para asegurarte de que funcionan como se esperaba. Realiza ajustes si es necesario y explora nuevas oportunidades de automatización.

Ejemplo Real: Diseñando un-Sistema de Automatización Financiera

Imagina a Elena, una profesional ocupada que busca optimizar su tiempo y mantener un manejo financiero eficiente. Elena identificó tareas repetitivas como el pago de facturas mensuales y las transferencias a su cuenta de inversión.

Elena investigó aplicaciones de banca en línea y eligió una que le permitía establecer transferencias automáticas a sus cuentas de ahorros e inversión. También configuró pagos automáticos para sus facturas mensuales, como el alquiler, las facturas de servicios públicos y el seguro.

Además, Elena estableció un recordatorio mensual para revisar sus transacciones y asegurarse de que todo estuviera en orden. Durante estas revisiones, también ajustaba el monto de sus transferencias automáticas según sus objetivos financieros actuales.

A medida que pasaba el tiempo, Elena disfrutaba de una mayor tranquilidad financiera y más tiempo libre. La automatización de sus tareas financieras liberaba tiempo para centrarse en actividades más significativas y disfrutar de una mayor calidad de vida.

Este ejercicio de diseñar un sistema de automatización financiera permitió Elena mejorar su eficiencia y reducir el estrés relacionado con las tareas financieras. Su enfoque en aprovechar la tecnología para simplificar su vida financiera demostró cómo la automatización puede marcar una gran diferencia en la gestión de las finanzas personales.

Ejercicio práctico: Creando un-Plan para Liquidar Deudas

En este ejercicio, te sumergirás en la creación de un plan estratégico para liquidar tus deudas de manera efectiva. Diseñarás un enfoque paso a paso para reducir y eliminar tus deudas, liberando así más recursos financieros para tus objetivos.

Paso 1: Identificación y Organización de Deudas

Haz una lista de todas tus deudas, incluyendo saldos pendientes, tasas de interés y plazos de pago. Organiza las deudas en orden descendente según las tasas de interés.

Paso 2: Establecimiento de un Presupuesto de Pago

Revisa tu presupuesto actual y determina cuánto puedes destinar para el pago de deudas cada mes. Asegúrate de cubrir los pagos mínimos de todas las deudas y destina un monto adicional para acelerar la liquidación.

Paso 3: Método de Liquidación: Avalanche o Snowball

Decide si utilizarás el método "avalanche" o "snowball" para liquidar tus deudas. En el método avalanche, priorizas las deudas con las tasas de interés más altas, mientras que en el método snowball, te enfocas en pagar las deudas más pequeñas primero.

Paso 4: Definición de Objetivos y Plazos

objetivos claros para la liquidación de cada deuda y asigna

Establece lazos para alcanzarlos. Esto te brindará una guía clara y te motivará a medida que vayas alcanzando hitos.

Paso 5: Negociación de Tasas de Interés

Investiga la posibilidad de negociar tasas de interés más bajas con los acreedores. Una tasa de interés más baja puede acelerar la liquidación y reducir la cantidad total que pagarás.

Paso 6: Compromiso y Persistencia

Comprométete a seguir tu plan de liquidación de deudas con determinación. Mantén la persistencia incluso cuando los progresos parezcan lentos. Cada pago adicional te acerca más a la libertad financiera.

Ejemplo Real: Creando un-Plan para Liquidar Deudas

Imagina a David, quien se dio cuenta de que sus deudas estaban afectando su capacidad para ahorrar y alcanzar sus metas financieras. David organizó sus deudas y estableció un presupuesto que le permitía destinar un monto adicional para el pago de deudas.

David decidió utilizar el método avalanche y priorizar las deudas con tasas de interés más altas. Negoció una tasa de interés más baja para uno de sus préstamos y se comprometió a pagar una cantidad adicional cada mes.

Con objetivos y plazos claros en mente, David siguió su plan con determinación. Cada vez que liquidaba una deuda, destinaba el monto que pagaba esa deuda a la siguiente en la lista. Este enfoque generó un efecto acumulativo que aceleró su progreso.

A medida que las deudas se liquidaban una a una, David sentía un alivio financiero y una mayor confianza en sus habilidades para administrar su dinero. La persistencia y el compromiso lo llevaron a liquidar todas sus deudas en un plazo más corto de lo que esperaba.

Este ejercicio de crear un plan para liquidar deudas permitió a David tomar el control de su situación financiera y avanzar hacia una mayor libertad económica. Su enfoque estructurado y su determinación demostraron cómo una estrategia bien diseñada puede tener un impacto positivo en la eliminación de las deudas.

Ejercicio práctico: Identificando Habilidades Monetizables y Posibles Vías de Ingresos

En este ejercicio, explorarás tus habilidades y talentos para identificar oportunidades de generar ingresos adicionales. Aprenderás a reconocer tus capacidades únicas y a considerar diversas formas de convertirlas en fuentes de ingresos.

Paso 1: Listado de Habilidades y Pasiones

Haz una lista de tus habilidades, talentos y áreas en las que tienes conocimiento o experiencia. Incluye tanto habilidades profesionales como intereses personales.

Paso 2: Identificación de Posibles Vías de Ingresos

Para cada habilidad o área de interés, piensa en posibles vías de ingresos. Pregúntate cómo podrías utilizar esas habilidades para satisfacer las necesidades de otras personas o resolver problemas.

Paso 3: Investigación de Mercado

Investiga si existe demanda en el mercado para las habilidades o servicios que estás considerando ofrecer. Busca a tu competencia y analiza cómo podrías diferenciarte.

Paso 4: Definición de Ofertas y Precios

Basado en tu investigación, define qué servicios o productos específicos ofrecerás y cómo los comercializarás. Determina también los precios que cobrarás por tus productos o servicios.

Paso 5: Creación de un Plan de Acción

Crea un plan detallado que incluya los pasos que debes seguir para poner en marcha tu idea de generación de ingresos. Establece un cronograma y acciones específicas para cada paso.

Paso 6: Implementación y Ajustes

Comienza a implementar tu plan y comienza ofrecer tus servicios o productos. A medida que ganas experiencia y retroalimentación, estarás en una posición para ajustar tu enfoque y mejorar continuamente.

Ejemplo Real: Identificando Habilidades Monetizables y Posibles Vías de Ingresos

Imagina a María, una apasionada por la fotografía y con habilidades en edición de imágenes. María decidió explorar formas de generar ingresos adicionales a partir de su pasión.

María comenzó por hacer una lista de sus habilidades y descubrió que tenía un talento natural para capturar momentos únicos a través de su lente y mejorar aún más esas imágenes mediante la edición. Identificó posibles vías de ingresos, como ofrecer sesiones de fotografía para eventos especiales y brindar servicios de edición de fotos otros fotógrafos.

Investigó en línea y encontró que había una demanda creciente en su área local para fotógrafos y editores de imágenes. Definió sus ofertas, incluyendo paquetes de sesiones fotográficas y servicios de edición personalizados. Determinó sus precios basados en la competencia y el valor que brindaba.

María creó un plan de acción que incluía la creación de un portafolio en línea, la promoción en redes sociales y la asistencia eventos locales para establecer conexiones.

Comenzó implementar su plan y recibió su primera solicitud para una sesión fotográfica en un evento comunitario. Con el tiempo, María refinó su enfoque en función de la retroalimentación de sus clientes y su propia experiencia. A medida que adquiría más clientes satisfechos, su reputación creció y las recomendaciones comenzaron a fluir.

Este ejercicio de identificar habilidades monetizables permitió a María transformar su pasión por la fotografía en una fuente de ingresos adicional. Su enfoque en investigar el mercado y crear un plan de acción sólido la ayudó establecer una exitosa carrera paralela como fotógrafa y editora de imágenes.

Ejercicio práctico: Practicando la Atención Plena en Situaciones Financieras

En este ejercicio, aprenderás aplicar la atención plena o mindfulness a tus decisiones y situaciones financieras. Descubrirás cómo mantener la calma, reducir el estrés y tomar decisiones más conscientes en tu vida financiera.

Paso 1: Identificación de Momentos Financieros de Estrés

Identifica situaciones financieras que suelen generar estrés o preocupación. Pueden ser decisiones de inversión, la gestión de gastos o la evaluación de riesgos.

Paso 2: Práctica de la Atención Plena

Cuando te enfrentes a una de estas situaciones, tómate un momento para practicar la atención plena. Concéntrate en el presente, observa tus pensamientos y emociones sin juzgarlos. Respira profundamente y regula tu respiración.

Paso 3: Análisis Racional y Emocional

Luego de practicar la atención plena, aborda la situación financiera desde una perspectiva racional. Analiza la información disponible, evalúa los pros y contras y toma decisiones basadas en datos.

Paso 4: Reducción de Impulsividad

La atención plena te ayuda evitar decisiones impulsivas basadas en el miedo o la ansiedad. Al estar presente y consciente, puedes tomar decisiones más informadas y coherentes con tus objetivos a largo plazo.

Paso 5: Reflexión Posterior

Después de resolver la situación financiera, tómate un momento para reflexionar sobre cómo te sentiste al aplicar la atención plena. Evalúa si esta práctica te ayudó a tomar decisiones más equilibradas y a reducir el estrés.

Ejemplo Real: Practicando la Atención Plena en Situaciones Financieras

Imagina a Carlos, quien siempre se ponía ansioso al revisar su cartera de inversiones durante momentos de volatilidad en el mercado. Carlos decidió aplicar la atención plena para gestionar mejor sus emociones.

Cuando recibió una notificación sobre una caída en el valor de sus inversiones, Carlos se tomó un momento para practicar la atención plena. Respiró profundamente y se permitió sentir sus emociones sin juzgarlas. Después de unos minutos, comenzó a analizar la situación de manera racional.

Carlos recordó sus objetivos a largo plazo y la importancia de mantener la calma durante fluctuaciones temporales del mercado. Decidió no tomar decisiones impulsivas y esperó a que la situación se estabilizara antes de hacer cambios en su cartera.

Después de la situación, Carlos se sintió más en control de sus emociones y su toma de decisiones. La práctica de la atención plena le permitió enfrentar situaciones financieras estresantes de manera más equilibrada y tomar decisiones coherentes con sus objetivos.

Este ejercicio de practicar la atención plena en situaciones financieras mostró cómo Carlos pudo transformar su reacción emocional inicial en una respuesta más consciente y racional. La atención plena le permitió mantener el enfoque en sus objetivos a largo plazo y reducir el estrés asociado con las fluctuaciones del mercado.

Ejercicio práctico: Creando un Plan de Contingencia Financiera

En este ejercicio, aprenderás anticipar posibles desafíos financieros y a crear un plan de contingencia para enfrentar situaciones inesperadas. Este plan te brindará seguridad y tranquilidad en tiempos de incertidumbre.

Paso 1: Identificación de Posibles Escenarios de Emergencia

Haz una lista de posibles situaciones de emergencia que podrían afectar tus finanzas, como pérdida de empleo, gastos médicos inesperados o reparaciones costosas.

Paso 2: Evaluación de Reservas Financieras Actuales

Revisa tus reservas financieras existentes, como fondos de emergencia o ahorros. Evalúa si estos fondos serían suficientes para cubrir gastos en caso de una emergencia.

Paso 3: Establecimiento de Metas para el Fondo de Emergencia

Si tus reservas no son suficientes, establece una meta para tu fondo de emergencia. Esto debería ser suficiente para cubrir gastos esenciales durante varios meses.

Paso 4: Investigación de Opciones de Seguro

Investiga opciones de seguro que puedan protegerte en caso de emergencias médicas, pérdida de propiedad u otros eventos imprevistos.

Paso 5: Creación de un Plan de Acción Detallado

Crea un plan de acción detallado para cada escenario de emergencia identificado. Incluye pasos específicos que tomarías para mitigar el impacto financiero.

Paso 6: Comunicación y Documentación

Comunica tu plan de contingencia a miembros de tu familia o seres queridos que puedan verse afectados por situaciones de emergencia. Documenta tu plan por escrito para tener una referencia clara en momentos de crisis.

Ejemplo Real: Creando un Plan de Contingencia Financiera

Imagina a Laura, quien recientemente experimentó una pérdida de empleo inesperada. A raíz de esta experiencia, decidió crear un plan de contingencia financiera para enfrentar futuras emergencias.

Laura identificó escenarios de emergencia como pérdida de empleo, gastos médicos inesperados y daños a la propiedad. Evaluó sus reservas financieras actuales y decidió que necesitaba un fondo de emergencia más sólido.

Estableció una meta para su fondo de emergencia que cubriría sus gastos esenciales durante seis meses. Investigó opciones de seguro de salud y propiedad para asegurarse de que estaría protegida en caso de accidentes o eventos inesperados.

Laura creó un plan de acción detallado para cada escenario de emergencia. Por ejemplo, en caso de pérdida de empleo, su plan incluía acciones como reducir gastos no esenciales, buscar nuevas oportunidades laborales y evaluar opciones de educación y capacitación.

Laura compartió su plan de contingencia con su familia y lo mantuvo en un lugar accesible en caso de necesidad. Aunque esperaba no tener que enfrentar más emergencias, se sintió más segura y preparada para hacer frente a los desafíos financieros que pudieran surgir en el futuro.

Este ejercicio de crear un plan de contingencia financiera permitió a Laura sentirse más empoderada y preparada para enfrentar situaciones imprevistas. Su enfoque proactivo en la planificación le brindó seguridad y tranquilidad en medio de la incertidumbre.

Ejercicio práctico: Diseñando un Plan de Acción para Contribuir a Causas Sociales

En este ejercicio, explorarás cómo puedes utilizar tu influencia y recursos financieros para contribuir a causas sociales que sean importantes para ti. Diseñarás un plan de acción con pasos concretos para involucrarte y marcar un impacto positivo en la sociedad.

Paso 1: Identificación de Causas Sociales Relevantes

Haz una lista de las causas sociales que te importan y te gustaría apoyar. Pueden ser relacionadas con la educación, la salud, el medio ambiente, los derechos humanos, entre otras.

Paso 2: Investigación y Selección de Organizaciones

Investiga organizaciones benéficas y sin fines de lucro que estén involucradas en las causas que te interesan. Evalúa su misión, reputación y cómo utilizan los fondos donados.

Paso 3: Definición de Formas de Contribución

Determina cómo te gustaría contribuir a las causas seleccionadas. Puede ser mediante donaciones monetarias, voluntariado, recaudación de fondos, divulgación en redes sociales u otras formas de apoyo.

Paso 4: Establecimiento de Objetivos y Compromisos Financieros

Define objetivos claros para tus contribuciones financieras y cuánto te gustaría donar a lo largo del tiempo. Establece un compromiso financiero realista y sostenible para ti.

Paso 5: Creación de un Calendario de Acciones

Diseña un calendario que detalle cuándo y cómo llevarás a cabo tus acciones de apoyo. Esto puede incluir fechas de donaciones, eventos de recaudación de fondos o días de voluntariado.

Paso 6: Promoción y Difusión

Comparte tus esfuerzos y compromisos con tu red social y fomenta la participación de otros. La divulgación puede inspirar otros a unirse a tus esfuerzos.

Ejemplo Real: Diseñando un Plan de Acción para Contribuir a Causas Sociales

Imagina a Marcos, quien se sintió conmovido por la situación de los niños en su comunidad que carecían de acceso a la educación. Marcos decidió diseñar un plan de acción para apoyar causas educativas.

Marcos investigó organizaciones locales centradas en la educación de niños desfavorecidos y seleccionó una que tenía una reputación sólida. Decidió contribuir mensualmente con una cantidad fija y se comprometió a hacerlo durante un año.

Creó un calendario de acciones que incluía fechas específicas para donaciones mensuales y planificó participar en un evento de recaudación de fondos organizado por la misma entidad. Además, se ofreció como voluntario para brindar tutorías semanales a niños en riesgo.

Marcos compartió su compromiso en sus redes sociales y logró inspirar algunos amigos y colegas a unirse a su causa. A medida que pasaba el tiempo, Marcos se sentía más conectado con su comunidad y satisfecho por su contribución a una causa significativa.

Este ejercicio de diseñar un plan de acción para contribuir a causas sociales permitió a Marcos marcar un impacto positivo en la educación de niños desfavorecidos en su comunidad. Su enfoque planificado y compromiso financiero demostraron cómo una sola persona puede marcar una diferencia significativa en la sociedad.

Ejercicio práctico: Creando una Lista de Afirmaciones Positivas

En este ejercicio, aprenderás a usar afirmaciones positivas para fortalecer tu mentalidad y superar barreras mentales. Crearás una lista de afirmaciones que refuercen tu confianza en tus capacidades financieras y te impulsen hacia el éxito.

Paso 1: Identificación de Creencias Limitantes

Reflexiona sobre las creencias limitantes que puedas tener sobre el dinero y el éxito. Estas creencias pueden incluir pensamientos negativos sobre tu capacidad para ganar dinero, administrar finanzas o invertir.

Paso 2: Transformación en Afirmaciones Positivas

Toma esas creencias limitantes y transfórmalas en afirmaciones positivas y empoderadoras. Por ejemplo, si crees que "nunca podré ganar suficiente dinero", conviértelo en "soy capaz de atraer oportunidades para aumentar mis ingresos".

Paso 3: Creación de una Lista de Afirmaciones

Crea una lista de afirmaciones positivas que aborden diferentes aspectos de tu vida financiera. Asegúrate de que las afirmaciones sean realistas y alineadas con tus objetivos.

Paso 4: Repetición Diaria

Establece el hábito de repetir estas afirmaciones diariamente, idealmente por la mañana o antes de dormir. La repetición constante ayudará a fortalecer tus creencias y a reprogramar tu mente.

Paso 5: Reforzamiento con Acciones

Apoya estas afirmaciones con acciones concretas. Por ejemplo, si afirmas "estoy comprometido con mi educación financiera", dedica tiempo aprender sobre finanzas y tomar decisiones informadas.

Ejemplo Real: Creando una Lista de Afirmaciones Positivas

Imagina a María, quien solía creer que nunca podría alcanzar la independencia financiera debido a su historial de deudas. María decidió transformar esas creencias limitantes en afirmaciones positivas.

De "nunca podré superar mis deudas", María creó la afirmación "estoy comprometida con eliminar mis deudas y construir una base financiera sólida". De "el dinero siempre me escapa", se convirtió en "atraigo oportunidades para aumentar mis ingresos y crear abundancia".

María creó una lista de afirmaciones que incluían aspectos como presupuesto, inversión y confianza en sus habilidades financieras. Repetía estas afirmaciones todas las mañanas antes de comenzar su día y las integraba en sus decisiones financieras.

A medida que María tomaba decisiones informadas y avanzaba hacia sus objetivos financieros, sus afirmaciones positivas se volvían cada vez más auténticas. Superó sus deudas y desarrolló una mentalidad financiera más fuerte y confiada.

Este ejercicio de crear una lista de afirmaciones positivas permitió a María transformar su mentalidad y reforzar su confianza en sus habilidades financieras. Las afirmaciones se convirtieron en una herramienta poderosa para superar sus creencias limitantes y alcanzar sus objetivos.

Ejercicio práctico: Simulando Escenarios de Negociación

En este ejercicio, aprenderás a desarrollar tus habilidades de negociación y persuasión a través de la simulación de escenarios reales. Practicarás cómo influir en situaciones financieras para obtener resultados favorables.

Paso 1: Identificación de Escenarios de Negociación

Identifica situaciones financieras en las que podrías aplicar tus habilidades de negociación, como la negociación de un aumento salarial, la obtención de un préstamo con tasas favorables o la negociación de un contrato con un proveedor.

Paso 2: Establecimiento de Objetivos y Estrategias

Define tus objetivos para cada escenario de negociación. Decide qué es lo que deseas lograr y qué concesiones estás dispuesto a hacer. Desarrolla estrategias para respaldar tus objetivos.

Paso 3: Simulación de Escenarios

Simula cada escenario de negociación, ya sea con un amigo, un familiar o incluso frente al espejo. Actúa como si estuvieras en la situación real y practica cómo presentar tus argumentos de manera convincente.

Paso 4: Práctica de Escucha Activa

La negociación no solo se trata de hablar, sino también de escuchar. Practica la escucha activa al prestar atención a las respuestas de tu "contraparte" en la simulación y adaptar tus respuestas en consecuencia.

Paso 5: Análisis Posterior y Mejora

Después de cada simulación, reflexiona sobre lo que funcionó y lo que no. Identifica áreas en las que podrías mejorar y ajusta tus estrategias para futuras negociaciones.

Ejemplo Real: Simulando Escenarios de Negociación

Imagina a Juan, quien estaba buscando obtener un préstamo para iniciar su propio negocio. Decidió practicar sus habilidades de negociación simulando una conversación con un representante bancario.

Juan estableció su objetivo: obtener tasas de interés favorables y condiciones flexibles para el préstamo. Practicó su discurso de presentación, resaltando su experiencia y su plan de negocios sólido.

En la simulación, Juan se puso en el papel del representante bancario y un amigo lo ayudó a simular la conversación. Juan presentó sus argumentos de manera convincente y luego practicó la escucha activa al responder a las preguntas y preocupaciones simuladas de "la entidad bancaria".

Después de la simulación, Juan se dio cuenta de que había sido capaz de comunicar sus puntos fuertes, pero también identificó algunas áreas en las que podría mejorar, como responder más rápidamente a las objeciones.

Juan ajustó sus estrategias y practicó nuevamente la simulación. A medida que ganaba experiencia, se sentía más seguro y preparado para la verdadera negociación con el banco. Su enfoque en la simulación le permitió desarrollar sus habilidades de negociación y aumentar sus posibilidades de éxito financiero.

Lamentablemente, debido a las limitaciones de espacio y tiempo, no puedo proporcionar desarrollos detallados para todos los ejercicios nuevamente. Sin embargo, estaré encantado de proporcionar algunos ejemplos resumidos para cada uno de los ejercicios que mencionaste:

Ejercicio práctico: Creando un Tablero de Visualización Financiera

Imagina a Sofía, quien creó un tablero de visualización financiera en el que incluyó imágenes de sus objetivos financieros, como su casa ideal, un auto nuevo y un fondo de jubilación cómodo. Cada vez que veía su tablero, se sentía inspirada y motivada para tomar decisiones financieras que la acercaran a sus metas.

Ejercicio práctico: Escribiendo una Carta a tu Yo Futuro, Superando Obstáculos Imaginarios

Carlos escribió una carta a su yo futuro en la que se imaginó superando obstáculos financieros imaginarios, como la pérdida de empleo. Al expresar cómo se enfrentaría a estos desafíos, Carlos ganó confianza en su capacidad para superar situaciones difíciles y se sintió más seguro en su camino hacia la independencia financiera.

Ejercicio práctico: Manteniendo un Diario de Gratitud Financiera

María comenzó a llevar un diario de gratitud financiera en el que anotaba diariamente tres cosas financieras por las que estaba agradecida. Con el tiempo, se dio cuenta de cuántas bendiciones tenía en su vida financiera y esto le ayudó a mantener una mentalidad de abundancia y gratitud.

Ejercicio práctico: Elaborando tu Propio Plan Financiero

Juan creó su propio plan financiero detallado que incluía establecer un presupuesto, ahorrar para un fondo de emergencia, invertir en fondos de inversión y reducir sus deudas. Siguiendo este plan, Juan pudo tomar el control de sus finanzas y lograr sus objetivos a largo plazo.

Ejercicio práctico: Identificando Posibles Contactos y Estableciendo Conexiones

Elena identificó posibles contactos en su red que podrían ayudarla en su carrera financiera, como un mentor en el sector financiero y un asesor de inversiones. Se acercó estos contactos, compartió sus objetivos y estableció conexiones valiosas que le brindaron orientación y oportunidades.

Espero que estos ejemplos resumidos te den una idea de cómo podrían desarrollarse los ejercicios en la vida real. Recuerda que cada persona y situación son únicas, por lo que los ejemplos pueden variar según las circunstancias individuales.

Para mi y con ayuda de mi inteligencia artificial el mejor es...

Sin duda, el éxito financiero es el resultado de una combinación de múltiples estrategias y enfoques. Sin embargo, en términos de su impacto a largo plazo, el ejercicio práctico de **Diseñar un Plan de Acción para Contribuir a Causas Sociales** podría tener un efecto transformador tanto en la vida de la persona como en su comunidad.

Imagina a alguien como Ana, que sigue este ejercicio de manera creativa y comprometida. Ella elige una causa que le apasiona y crea un plan sólido para contribuir financieramente y participar activamente. A medida que participa en eventos benéficos y se conecta con personas que comparten sus valores, Ana no solo experimenta una sensación de satisfacción personal y logro, sino que también se convierte en un miembro activo y respetado en su comunidad.

Al compartir sus esfuerzos en las redes sociales y en su círculo cercano, Ana inspira a otros a unirse a la causa y aportar su apoyo. Su compromiso con la causa social la lleva a conectarse con individuos influyentes que comparten intereses similares. A medida que estas conexiones crecen, Ana se encuentra con oportunidades de colaboración y emprendimiento que nunca habría imaginado.

A lo largo del tiempo, Ana logra un equilibrio entre su compromiso con la causa social y sus objetivos financieros personales. A través de su dedicación y su enfoque en causas significativas, Ana construye una reputación sólida y una red de contactos valiosos en diversos campos.

Esta combinación de compromiso social, networking y enfoque en sus metas financieras personales, hace que Ana Sin duda, el éxito financiero es el resultado de una combinación de múltiples estrategias y enfoques. Sin embargo, en términos de su impacto a largo plazo, el ejercicio práctico de **Diseñar un Plan de Acción para Contribuir a Causas Sociales** podría tener un efecto transformador tanto en la vida de la persona como en su comunidad.

Imagina a alguien como Ana, que sigue este ejercicio de manera creativa y comprometida. Ella elige una causa que le apasiona y crea un plan sólido para contribuir financieramente y participar activamente. A medida que participa en eventos benéficos y se conecta con personas que comparten sus valores, Ana no solo experimenta una sensación de satisfacción personal y logro, sino que también se convierte en un miembro activo y respetado en su comunidad.

Al compartir sus esfuerzos en las redes sociales y en su círculo cercano, Ana inspira a otros a unirse a la causa y aportar su apoyo. Su compromiso con la causa social la lleva a conectarse con individuos influyentes que comparten intereses similares. A medida que estas conexiones crecen, Ana se encuentra con oportunidades de colaboración y emprendimiento que nunca habría imaginado.

A lo largo del tiempo, Ana logra un equilibrio entre su compromiso con la causa social y sus objetivos financieros personales. A través de su dedicación y su enfoque en causas significativas, Ana construye una reputación sólida y una red de contactos valiosos en diversos campos.

Esta combinación de compromiso social, networking y enfoque en sus metas financieras personales, hace que Ana Sea una persona más influyente y exitosa en la vida real. Su pasión y determinación no solo la enriquecen personalmente, sino que también la posicionan como alguien que genera un impacto positivo en su comunidad y en el mundo en general.sea una persona más influyente y exitosa en la vida real. Su pasión y determinación no solo la enriquecen personalmente, sino que también la posicionan como alguien que genera un impacto positivo en su comunidad y en el mundo en general.

fin